W0105058

Mosaik bei
GOLDMANN

Buch

(Fast) jeder Mensch kennt diese Gefühle: Man ist häufig traurig, gerät
leicht in Rage, Angst schnürt einem die Kehle zu, oder man hat das
Gefühl, nie gut genug zu sein. Peter K. Fischhof und Veronika Pelikan
zeigen sachkundig und leicht verständlich, woher Ängste, Depressionen, Suchtverhalten, übersteigerte Aggressivität und andere seelische Krankheiten kommen, wie diese sich äußern und was Sie ganz
konkret im Alltag dagegen unternehmen können. Das Autorenteam
präsentiert einfache Techniken und Verhaltensregeln, wie man selbst
für einen entspannten und erfolgreichen Umgang mit sich und den
Mitmenschen sorgen kann, Feedback gibt oder sich in Diskussionen
behauptet. Anschauliche Fallbeispiele und konkrete Anleitungen helfen Ihnen, die Vorschläge und Anregungen der erfahrenen Autoren
auch umzusetzen.

Autoren

Peter K. Fischhof war Facharzt für Psychiatrie und Neurologie,
Diplompsychologe und Psychotherapeut, sowie Leiter des Wagner-
Jauregg-Instituts für klinische und experimentelle Gerontopsychiatrie
in Wien.
Veronika Pelikan ist Medienexpertin, Journalistin und Autorin. Sie
arbeitete sie als Journalistin beim ORF und Standard und war 1997
bis 2005 Chefredakteurin und Herausgeberin der Frauenzeitschrift
»Wienerin«. Sie arbeitet an zahlreichen Medien- und Kommunika-
tionsprojekten mit.

Peter K. Fischhof · Veronika Pelikan

Die gekränkte Seele

Woher die Kränkung kommt
Was Sie dagegen tun können

Mosaik bei
GOLDMANN

Alle Ratschläge und Hinweise in diesem Buch wurden von den Autoren und vom Verlag sorgfältig erwogen und geprüft. Eine Garantie kann dennoch nicht übernommen werden. Eine Haftung der Autoren beziehungsweise des Verlags für Personen-, Sach- und Vermögensschäden ist daher ausgeschlossen.

FSC

Mix

Produktgruppe aus vorbildlich
bewirtschafteten Wäldern und
anderen kontrollierten Herkünften

Zert.-Nr. SGS-COC-1940
www.fsc.org
© 1996 Forest Stewardship Council

Verlagsgruppe Random House FSC-DEU-0100
Das für dieses Buch verwendete FSC-zertifizierte Papier *Munken Print*
liefert Arctic Paper Munkedals AB, Schweden.

1. Auflage
Vollständige Taschenbuchausgabe Juni 2008
Wilhelm Goldmann Verlag, München,
in der Verlagsgruppe Random House GmbH
© 2006 by Buchverlage Kremayr & Scheriau/Orac, Wien
Umschlaggestaltung: Design Team München
Satz: Buch-Werkstatt GmbH, Bad Aibling
Druck und Bindung: GGP Media GmbH, Pößneck
LH · Herstellung: IH
Printed in Germany
978-3-442-16972-6

www.mosaik-goldmann.de

Inhaltsverzeichnis

Inhaltsverzeichnis

Vorwort

Es gibt viele Bücher über das Leben, über Schwierigkeiten des Alltags, über damit verbundene psychische Probleme. Viele der Autoren denken daran, Hilfesuchenden eine Erklärung über Probleme zu liefern oder Techniken anzubieten, von denen sie selbst überzeugt sind, die ihnen vielleicht schon selbst geholfen haben. Andere wieder verfolgen mit ihren Publikationen grundlegende Darstellungen des gesamten Bereichs, ihnen geht es um summarische Übersichten, die gleichsam ein Inventar ihrer eigenen Kenntnisse offerieren.

In den folgenden Seiten sind wir mit dem Bemühen von zwei Autoren konfrontiert, die sich einem anderen Ansatz verpflichtet fühlen. Sie gliedern den anderen, den hilfesuchenden Menschen nicht aus, sie definieren ihn nicht als gestörten Menschen, sie sprechen ihn liebevoll an, wissend, dass jeder von uns sich in den einzelnen Kapiteln des Buches wiederfinden könnte, wissend, dass keiner von uns über den geschilderten Problemen steht, sondern mit ihnen erfolgreich zurande kommen kann.

Es kommen uns aus dem Buch ein Wohlgefühl, eine anteilnehmende Obsorge, eine stärkende Zuwendung, ja Liebe entgegen. Ein liebevolles Buch. Die Autoren sind mit den Problemen vertraut. Sie haben selbst während ihres Lebens vieles einstecken, vieles bewältigen müssen, haben Verluste erlitten und schmerzhafte Erfahrungen gemacht, sie kennen Not, Einsamkeit, Armut, die unsere Welt bevölkern. Und sie haben auch Freude und Fröhlichkeit erlebt, die uns aus ihren Zeilen entgegenleuchten.

Das ist es, was uns hier von den Autoren vermittelt wird: So lässt sich das Leben bewältigen, das Leben ausgestalten, das ist ein Weg, der uns geholfen, uns gestärkt hat und den wir vielen anderen aufzeigen wollen. Wir alle sind nicht so leicht unterzukriegen, wir können Erfahrungen vertrauen, die wir einander mitteilen, wir können voneinander miteinander leben. Das ist die Visitenkarte, die uns die Autoren zustecken; eine psychologische, eine humane Visitenkarte: So haben wir es geschafft, und so werdet ihr es auch schaffen.

H. G. Zapotoczky

Einleitung

Es gibt Regeln für das Glück, denn für den Klugen ist nicht alles Zufall.
(Balthasar Gracian, spanischer Jesuitenpater, 1647)

Es gibt Menschen, denen vieles ein wenig leichter zu fallen scheint. Sie verlieren nicht so schnell die Nerven, werden mit Widrigkeiten leichter fertig und kämpfen nicht mit quälender Unentschlossenheit. Sie wirken ausgeglichen und zufrieden, und andere finden sie sympathisch. Ein Glückskind, heißt es dann, dieser Mensch ist zu beneiden. Aber es gibt auch das Gegenteil: ausgesprochene Pechvögel, denen vieles misslingt, die das Unglück geradezu anzuziehen scheinen. Schon ihre Haltung signalisiert: Ich bin auf alles gefasst, alles, was mir widerfährt, ist schrecklich. Passiert dann tatsächlich ein Missgeschick, sagen sie: Ich habe gar nichts anderes erwartet.

Natürlich ist niemand vor Unglück gefeit, es gibt aber doch so etwas wie eine grundlegende Lebenseinstellung, die dafür verantwortlich ist, wie wir eine bestimmte Situation erleben. Ein einfaches Beispiel ist das des Pessimisten und des Optimisten: Beide haben ein zur Hälfte gefülltes Glas. Der Pessimist sieht das Glas halb leer und ist deshalb traurig, der Optimist sieht es halb voll – und freut sich.

Nicht immer lässt sich eine »selbstgebaute Falle«, also eine Situation, in der wir ohne es zu wollen nur die negative Seite sehen, so einfach erkennen. Die meisten Situationen, etwa im Umgang mit anderen Menschen, sind ja auch viel komplizierter. Wie können wir trotzdem Verhaltensweisen, die uns schaden, erkennen und vermeiden? Wie können wir einsehen, dass nicht »das Schicksal« oder »die Sterne« bestimmen, welche Rolle wir im Leben spielen?

Wenn wir den Mut aufbringen, ein wenig in uns hineinzuhorchen, ehrlich über uns nachzudenken, ist der erste Schritt schon getan. Mit Hilfe der Psychologie können wir nach den Wurzeln unseres Denkens und Handelns suchen. Wir können etwa fragen, warum manche Menschen in ähnlichen Lebenslagen völlig verschieden reagieren, ein und dieselbe Situation ganz unterschiedlich beschreiben.

Psychologen haben herausgefunden, dass es so etwas wie ein *Lebensskript* gibt, eine Art Drehbuch für unser Leben, das in der frühesten Kindheit entsteht. Unsere Lebenseinstellung wird gewissermaßen in diesem Skript festgelegt. Die Erfahrungen, die ein Kind macht, bestimmen in hohem Maß, wie es später, als Erwachsener, auf ähnliche Situationen reagieren wird. So kann zum Beispiel eine negative Erfahrung die Angst auslösen, sie könnte sich wiederholen. Der Erwachsene wird also alles tun, damit das, was er als Kind so unangenehm erlebt hat, nicht noch einmal passiert. Dass vieles gar nicht mehr passieren wird, weil er ja kein wehrloses Kind mehr ist und er ganz andere Möglichkeiten hätte, damit fertig zu werden, ist ihm nicht bewusst. Er reagiert mit aller Heftigkeit, stößt damit vielleicht andere, die ihm nichts Böses wollen, vor den Kopf, und der schönste Streit ist im Gange. Der Pechvogel kann wieder einmal sagen: »Ich habe gar nichts anderes erwartet.«

Um zu verstehen, wie derartige negative Einstellungen zustande kommen, muss man die Kräfte untersuchen, die von Geburt an auf einen Menschen einwirken. Das sind nicht nur äußerliche Kräfte, wie die erziehenden Eltern, die Schule, die Gesellschaft, sondern auch die eigenen Bedürfnisse, Instinkte und Triebe. Aus ihrer Kombination entwickelt sich der einzigartige, unverwechselbare Charakter eines Menschen. Dieser Mensch kann Motivationen entwickeln, etwas zu tun oder nicht zu tun, er hat einen Willen. Die psychischen oder seelischen Kräfte, die uns teilweise nicht bewusst sind, bestimmen unser Handeln, Denken und Fühlen.

Woher kommen diese Kräfte? Wie wirken sie? Kann man sie beeinflussen, steuern? Diese Fragen werden im vorliegenden Buch beantwortet. Es soll dem Leser helfen, über sein Verhalten nachzudenken und ihn – wenn er damit nicht glücklich ist – in die Lage versetzen, etwas zu verändern. Indem wir mehr über uns erfahren, lernen wir auch viel über die Handlungen unserer Mitmenschen. Wenn wir einmal die Beweggründe anderer Menschen kennen, fällt es leichter, Toleranz zu üben oder auch mit Bestimmtheit zu sagen: Das finde ich nicht richtig.

Diese Fähigkeit zu unterscheiden ist ein ganz wichtiger Faktor in unserem Leben. Sie ist Voraussetzung dafür, in wichtigen Situationen richtig entscheiden zu können, und von richtigen Entscheidungen hängen Erfolg und Misserfolg im Beruf und im Privatleben ab. Haben wir die Fähigkeit zu unterscheiden, müssen wir uns in schwierigen Situationen nicht nur von vagen Gefühlen leiten lassen. Und nur wenn wir uns klar für oder gegen etwas entscheiden, können wir etwas wollen. Zu wissen, was wir wirklich wollen, ist die Grundvoraussetzung für ein erfülltes Leben. Wenn wir nicht wissen, was wir erreichen wollen, können wir auch nichts unternehmen, um dorthin zu gelangen.

Es liegt also an uns, aus unserem Leben etwas zu machen, es so zu gestalten, dass wir damit zufrieden sein können. Sicherlich lassen sich Trauer, Wut, Schmerz und Kränkung nicht vermeiden. Aber man kann lernen, damit umzugehen. Und oft stellt sich bei näherer Betrachtung heraus, dass eine Sache ganz anders ist, als man ursprünglich angenommen hat.

Es ist nicht Aufgabe dieses Buches, den Leser Psychologie zu lehren; es soll ihm aber helfen, psychologische Erkenntnisse zu nutzen, damit er leichter mit Problemen umgehen und sie besser bewältigen kann.

Teil I

Die seelischen Kräfte und ihre Wirkung

Das Gleichgewicht der seelischen Kräfte

Unsere Handlungen, Gefühle, Stimmungen und sogar unsere Gedanken werden von Kräften gesteuert und beeinflusst, die hauptsächlich im Hintergrund des Bewusstseins wirken und den gesamten Menschen zu bestimmten Verhaltensweisen treiben. Die wichtigsten dieser Kräfte werden von den Psychologen als *Bedürfnisse* und *Triebe* bezeichnet. Jede von ihnen wirkt auf ihre spezifische Art und Weise. Einige sind für das Überleben des Menschen unerlässlich, andere werden im Laufe der Zeit erworben. Manche werden kaum je bewusst, über andere wiederum kann man nachdenken.

Unser Verhalten wird nun zum einen von äußerlichen Umständen bestimmt – etwa: Wenn es regnet, stellen wir uns unter. Zum anderen ist unser Verhalten aber gleichzeitig auch Ausdruck der inneren Kräfte, die in uns wirken – wir stellen uns unter, weil es uns unangenehm ist, nass zu werden und wir das Bedürfnis haben, trocken zu bleiben. Oder nehmen wir das Beispiel »Hunger«. Die Vorgänge, die in unserem Körper ablaufen, wenn wir Hunger haben, sind sehr komplex. Auch die bewussten Vorgänge rund um die Meldung »Hunger« sind nicht zu unterschätzen und können sehr vielfältig werden. Wenn wir Hunger spüren, können wir uns nicht mehr so gut konzentrieren und sind unter Umständen gereizt. Wenn der Hunger sehr stark wird, weil wir lange nichts

Das Ich, das Es und das Über-Ich

Sigmund Freud, der Begründer der Psychoanalyse, entdeckte, dass viele seelische Vorgänge, die uns überhaupt nicht bewusst sind, unser Denken und Handeln bestimmen. Er unterschied drei psychische Instanzen, die im Denken und Handeln eines Menschen zum Ausdruck kommen. Er nannte sie das *Ich,* das *Es* und das *Über-Ich.*

Als *Es* definierte Freud das Triebhafte im Menschen. Es umfasst die Triebimpulse, Wünsche, Vorstellungen und Fantasien. Das *Über-Ich* hingegen vertritt die Normen, die sittlichen Regeln und die Verbote der gesellschaftlichen Umwelt. Es entwickelt sich aus den Geboten und Verboten, die ein Mensch von seinen Eltern und der Gesellschaft lernt. Im Grunde handelt es sich dabei um die Regeln, die nötig sind, damit das Zusammenleben in einer Gesellschaft funktioniert.

Das *Ich* schließlich hat die Aufgabe, die Realität abzuschätzen und die Forderungen des *Es* und des *Über-Ich* miteinander in Einklang zu bringen.

Dazu setzt es die Intelligenz, die Wahrnehmung und das Denken ein. Um Angst erzeugende, unbewusste Triebimpulse und Phantasien des *Es* abwehren zu können, verfügt das *Ich* über verschiedene Abwehrmechanismen (siehe Angstabwehr, Seite 37 f).

Mit der Entwicklung der Psychoanalyse entstand ein Instrument, das es ermöglicht, Inhalte aus dem Unbewussten, wie etwa verdrängte Konflikte, bewusst zu machen. Viele der später entstandenen psychotherapeutischen Verfahren basieren auf den Grundlagen der Psychoanalyse.

mehr gegessen haben, können wir kaum noch an etwas anderes denken. Der Trieb, etwas zu essen, beherrscht unser Denken dann fast vollständig. Dennoch entstehen in einem solchen Fall meist keine inneren Konflikte, weil in der Regel die Befriedigung dieses Bedürfnisses leicht möglich ist.

Nicht immer sind die Zusammenhänge aber so einfach und so leicht zu durchschauen. Was passiert, wenn es sich bei dem Bedürfnis nicht um das einfache Gefühl »Hunger« handelt, sondern etwa um das Bedürfnis nach Geborgenheit und Zuwendung? Oder wenn wir Lust auf Sex haben, aber keinen Partner oder keine Partnerin? Dann ist die Befriedigung des Bedürfnisses nicht mehr so einfach.

Sobald wir ein Bedürfnis spüren, dessen Befriedigung uns durch unsere Erziehung, durch gesellschaftliche Normen oder durch Ängste nicht »erlaubt« ist, wirken widersprüchliche seelische Kräfte in uns. Ein befriedigendes, erfolgreiches Leben ist aber nur möglich, wenn wir uns dieser inneren Widersprüche bewusst werden und lernen, damit umzugehen.

Was passiert, wenn das seelische Gleichgewicht gestört wird?

Wenn ein Mensch mit widersprüchlichen Bedürfnissen nicht oder nur schlecht umgehen kann und seine seelischen Kräfte aus dem Gleichgewicht geraten, können ernste Probleme entstehen. Ein Mensch, dessen seelisches Gleichgewicht gestört ist, erlebt seine Umgebung in bestimmten Bereichen verändert und verhält sich häufig nicht der Situation entsprechend. Die Psychologen sprechen dann von einer *Neurose*. Eine Neurose ist eine Art Falle, die wir uns – natürlich unbewusst – selbst stellen. So kann eine Neurose etwa dazu führen, dass der Betroffene eine Situation nur mehr negativ erlebt, obwohl sie ihm durchaus auch Positives bieten könnte. Selbst wenn er eine gute Chance hat, wird er sie nicht wahrnehmen. Sein Glas ist, sozusagen, immer halb leer.

TEST
Neigen Sie dazu, sich selbst Fallen zu stellen?
Dieser Test[1] bietet Ihnen die Möglichkeit, neurotische Tendenzen – ansatzweise – zu erkennen. Der Test soll jedoch niemanden entmutigen. Schließlich ist Selbsterkenntnis die wichtigste Voraussetzung für ein erfolgreiches Leben. Kreuzen Sie bei jeder der folgenden Fragen die auf Sie zutreffende Antwort an. Bedenken Sie, dass ein Symptom erst dann auf neurotische Tendenzen schließen lässt, wenn es eine gewisse Stärke erreicht hat. Behandeln Sie sich aber auch nicht zu glimpflich, und versuchen Sie, sich gegenüber so ehrlich wie möglich zu sein.

1. Neigen Sie zu Schuldgefühlen und Selbstanklagen?
   ◯ ja   ◯ nein
2. Leiden Sie gelegentlich unter Schwindelgefühlen?
   ◯ ja   ◯ nein
3. Sind Sie überempfindlich oder menschenscheu?
   ◯ ja   ◯ nein
4. Lassen Sie sich zu leicht von anderen beeinflussen?
   ◯ ja   ◯ nein
5. Haben Sie öfter starkes Herzklopfen?
   ◯ ja   ◯ nein

6. Neigen Sie dazu, sich selbst zu bemitleiden?

   ○ ja   ○ nein

7. Geraten Sie in bestimmten Situationen ins Stottern?

   ○ ja   ○ nein

8. Denken Sie viel darüber nach, was andere über Sie denken?

   ○ ja   ○ nein

9. Sind Sie davon überzeugt, dass Sie den meisten Menschen unterlegen sind? Oder glauben Sie, dass Sie den meisten Menschen bedeutend überlegen sind?

   ○ ja   ○ nein

10. Sind Sie leicht reizbar?

    ○ ja   ○ nein

11. Neigen Sie zu Tagträumereien?

    ○ ja   ○ nein

12. Sind Sie sehr eifersüchtig?

    ○ ja   ○ nein

13. Wandern Ihre Gedanken oft so umher, dass Sie nicht mehr genau wissen, was Sie tun?

    ○ ja   ○ nein

14. Gehen Ihnen Kinder besonders auf die Nerven?

    ○ ja   ○ nein

15. Leben Sie aus Prinzip lieber allein?

    ○ ja   ○ nein

16. Waren Sie jemals Schlafwandler?

    ○ ja   ○ nein

17. Machen Sie sich Sorgen über Ihre Gesundheit?

    ○ ja   ○ nein

18. Sind Sie in Ihren Ansichten sehr radikal oder sehr konservativ?

    ○ ja   ○ nein

19. Sind Sie öfter grundlos deprimiert?

    ○ ja   ○ nein

20. Sind Sie häufig grundlos optimistisch?

    ○ ja   ○ nein

21. Leiden Sie unter Alpträumen?

    ○ ja   ○ nein

22. Nörgeln Sie dauernd?

    ○ ja   ○ nein

23. Sind Sie besonders unordentlich?

    ○ ja   ○ nein

24. Sind Sie ungewöhnlich ordentlich?

    ○ ja   ○ nein

25. Erzählen Sie oft die Unwahrheit, auch wenn es nicht notwendig ist?

    ○ ja   ○ nein

26. Sind Sie abergläubisch?

    ○ ja   ○ nein

27. Leiden Sie an Zwangshandlungen? Müssen Sie sich zum Beispiel öfter vergewissern, dass die Türe verschlossen ist oder der Herd abgedreht?

    ○ ja   ○ nein

28. Leiden Sie häufig unter Schlaflosigkeit?

    ○ ja   ○ nein

29. Werden Sie in Gegenwart von Vorgesetzten leicht verlegen?

    ○ ja   ○ nein

30. Werden Sie von Todesfurcht geplagt?
○ ja   ○ nein

31. Fürchten Sie sich im Dunkeln?
○ ja   ○ nein

32. Schwitzen Sie oft, auch ohne körperliche Anstrengung?
○ ja   ○ nein

33. Haben Sie Selbstmordgedanken?
○ ja   ○ nein

34. Sind Sie leidenschaftlicher Sammler?
○ ja   ○ nein

35. Fürchten Sie sich davor, schwer krank zu werden?
○ ja   ○ nein

36. Fühlen Sie sich in geschlossenen Räumen, wie etwa im Fahrstuhl oder der U-Bahn, unbehaglich?
○ ja   ○ nein

37. Haben Sie eine Abneigung gegen hoch gelegene Orte, wie Berge?
○ ja   ○ nein

38. Haben Sie eine Abneigung, freie Plätze wie etwa Brücken zu überqueren?
○ ja   ○ nein

39. Ermüden Sie schnell?
○ ja   ○ nein

40. Fällt es Ihnen schwer, Freundschaften zu knüpfen?
○ ja   ○ nein

41. Leiden Sie manchmal unter Appetitlosigkeit?
○ ja   ○ nein

42. Spüren Sie manchmal den Drang, von einem hoch gelegenen Platz hinunterzuspringen?

   ○ ja   ○ nein

43. Haben Sie bisweilen das Gefühl, verfolgt zu werden?

   ○ ja   ○ nein

44. Hatten Sie in letzter Zeit einen Nervenzusammenbruch?

   ○ ja   ○ nein

45. Lässt Sie Ihr Gedächtnis manchmal im Stich?

   ○ ja   ○ nein

46. Ist oder war der Einfluss Ihres Vaters oder Ihrer Mutter auf Ihr Leben ungewöhnlich stark?

   ○ ja   ○ nein

47. Werden Sie schnell rot?

   ○ ja   ○ nein

48. Haben Sie manchmal ungewöhnliche sexuelle Fantasien?

   ○ ja   ○ nein

49. Wechseln Sie sehr häufig Ihre Partner?

   ○ ja   ○ nein

50. Haben Sie manches Mal den Wunsch, wieder ein Kind zu sein?

   ○ ja   ○ nein

Auswertung:

   Ermitteln Sie Ihre Punktezahl, indem Sie alle »ja« zusammenzählen.

von 0 bis 18

   Ihre neurotischen Tendenzen entsprechen dem normalen Durchschnitt.

von 19 bis 27

Ihr seelisches Gleichgewicht ist ein wenig aus dem Lot geraten. Sie machen sich das Leben bisweilen durch unangemessenes Verhalten selber schwer.

von 28 bis 37

Ihr seelisches Gleichgewicht ist stärker erschüttert. Sie haben Schwierigkeiten, mit Ihrer Umwelt und sich selbst zurechtzukommen.

über 38

Sie haben große Probleme, das Leben zu meistern. Ein Besuch bei einem Psychologen oder Psychotherapeuten wäre angebracht und kann Ihnen helfen, Ihr Gleichgewicht zurückzugewinnen.

Natürlich hat jeder Mensch bisweilen Probleme mit seinem seelischen Gleichgewicht und jeder Mensch verfügt in einem gewissen Ausmaß über neurotische Tendenzen. »Durchschnittlich« bedeutet in diesem Zusammenhang, dass sich ein Mensch im Allgemeinen an die Gegebenheiten unserer Gesellschaft ohne zu große innere und äußere Schwierigkeiten anpassen kann. Bei hohen »Ja«-Werten werden mit großer Wahrscheinlichkeit Konflikte entstehen, die das Aufsuchen eines Psychotherapeuten ratsam erscheinen lassen.

Die Neurosen

Ernste psychische Probleme entstehen, wenn ein verdrängter Trieb zu stark und zu übermächtig wird. Wenn die Abwehr von Triebimpulsen, etwa durch Verdrängung, überfordert wird und nur mehr unvollständig gelingt, wird so viel psychische Energie benötigt, die Angst abzuwehren, dass der Betroffene sein Leben nicht mehr meistern kann. Die in so einem Fall entstehende Störung des seelischen Gleichgewichts bezeichnet man als *Neurose.* Der Mensch, der unter einer Neurose leidet, erlebt seine Umgebung in bestimmten Bereichen verzerrt und verhält sich häufig nicht der Situation entsprechend. Neurotisches Verhalten hat viele Erscheinungsformen, die sich entweder durch Störungen des Erlebens oder durch Störungen körperlicher Funktionen äußern. Die häufigsten sind:

- die *Zwangsvorstellungen:* Zum Beispiel die ständig wiederkehrende Befürchtung, den Gasherd nicht abgedreht zu haben, die jedes Mal auftritt, nachdem man das Haus verlassen hat und die nicht unterdrückt werden kann.
- die *Zwangshandlungen:* Etwa der Waschzwang – der unwiderstehliche Drang, sich ständig die Hände zu waschen, um scheinbaren Schmutz loszuwerden oder aus übertriebener Angst vor einer Ansteckung mit Bakterien.
- die *Phobien:* Irrationale, oft auch panikartig auftretende Ängste vor Höhen, vor geschlossenen Räumen, vor offenen Straßen und freien Plätzen oder auch vor bestimmten Tieren. Der Betroffene muss die Angst auslösende Situation meiden, verlässt etwa das Haus nicht mehr oder kann in keinen Lift einsteigen.

- die *Angstneurosen:* Unerklärliche, ohne besonderen Anlass auftretende Angstzustände, die sich bis zur Panik steigern können.

- die *psychosomatischen Störungen:* Hier entstehen infolge psychischer Dauerbelastung funktionelle Organstörungen. Kommt es in weiterer Folge auch zu einer Organschädigung, spricht man von psychosomatischen Erkrankungen (siehe vegetatives Nervensystem, Seite 154 f).

Problematisch werden Neurosen dann, wenn sie die Lebensqualität erheblich einschränken. Dies ist etwa der Fall, wenn ein Zwangsneurotiker seine Zwangshandlungen zu Zwangsritualen ausbaut, wenn die Zwänge in einer bestimmten Reihenfolge und oft hintereinander (bis zu 75-mal wurden beobachtet) ausgeführt werden müssen, ehe er Ruhe findet. Oder wenn ein neurotischer Mensch sich zwar intensiv nach Nähe und Zärtlichkeit sehnt, aber gleichzeitig unfähig ist, eine dauernde Beziehung einzugehen.

Neurosen entstehen meist aufgrund seelischer Verletzungen und Fehlentwicklungen in der frühen Kindheit. Die zugrunde liegenden Konflikte bleiben später dem neurotischen Erwachsenen verborgen. Mit Hilfe einer Psychotherapie kann es gelingen, solche frühkindlichen Verletzungen und Fehlentwicklungen wieder ins Bewusstsein zu holen. Der neurotische Mensch lernt dabei, eigene Möglichkeiten der Konflikt- und Angstbewältigung zu entwickeln und für sich selbst mehr Verantwortung zu übernehmen.

Wodurch können seelische Kräfte aus dem Gleichgewicht geraten?

Wie wir bereits erfahren haben, kann es unter bestimmten Umständen passieren, dass seelische Kräfte, die in uns wirken, sich nicht miteinander vereinen lassen.

Im einfachsten Fall entstehen dabei widersprüchliche seelische Bedürfnisse, die wir als inneren *Konflikt* erleben. Wir wissen in so einer Situation nicht, was wir tun sollen. Jede Entscheidung wird zur Qual. Wir sind uns nicht mehr im Klaren, was wir wirklich wollen. Auch die Ratschläge wohlmeinender Freunde oder der Familie helfen uns dann nicht mehr weiter. Das folgende Beispiel demonstriert einen solchen Konflikt:

Die Ehe der M.s funktioniert nicht mehr. Wütende Schreiduelle und bissige Sticheleien wechseln einander ab. Beide haben aber Angst vor einer Trennung, weil sie glauben, das Alleinsein nicht ertragen zu können, und sie scheuen sich davor, sich mit ihrem Konflikt auseinander zu setzen. So haben sie keine Möglichkeit, ihre Beziehungsschwierigkeiten und Streitigkeiten zu bereinigen oder irgendwelche Konsequenzen zu ziehen. Die Lebenssituation ist für beide höchst unbefriedigend, beide sind meist gereizt und haben keine Freude mehr am Leben. Auch ohne eine Entscheidung getroffen zu haben, tritt genau das ein, was sie befürchtet haben: obwohl sie zusammenleben, fühlen sie sich einsam und unverstanden.

Wie lernt man, seelische Widersprüche zu erkennen?

Ein Mensch ist diesem Widerstreit der seelischen Kräfte natürlich nicht einfach ausgeliefert. Er kann über das, was mit ihm passiert, nachdenken. Er kann lernen, die Kräfte, die an ihm wirken, zu verstehen. Und er kann schließlich den Willen entwickeln, etwas zu tun oder zu unterlassen.

Die M.s entschließen sich endlich, eine Ehetherapeutin aufzusuchen. Während der Sitzungen entdecken sie, dass sie im Laufe der Jahre verlernt haben, miteinander zu reden. Sie finden heraus, dass jeder von ihnen an bestimmten Vorurteilen festhält und im Grunde gar nicht bereit ist, dem anderen zuzuhören. Im Verlauf der Therapie lernen sie, wieder ehrlicher und offener miteinander zu reden und können zum ersten Mal miteinander über ihre Probleme und Befürchtungen sprechen. Die beiden können endlich auch aussprechen, was sie am anderen stört, ohne die Angst, den Partner deshalb zu verlieren. Neues Vertrauen entsteht, und das Paar kann viel freier verschiedene Lösungsmöglichkeiten besprechen.

Wie wir an diesem Beispiel sehen können, ist die Fähigkeit, seelische Widersprüche zu erkennen und sich mit ihnen auseinanderzusetzen, die Grundlage für die Erhaltung und Wiedererlangung des seelischen Gleichgewichtes. Es ist die Voraussetzung für die Lösung zwischenmenschlicher Schwierigkeiten und für ein erfolgreiches Berufsleben. Weicht man den inneren Konflikten aus, verdrängt man sie, kann man sie zwar eine Zeit lang aufschieben.

Man kann so zum Beispiel nach außen hin eine intakte Ehe führen, sich an die Konventionen halten und jedem tieferen Gespräch aus dem Weg gehen. Im Inneren der Partner gärt es jedoch, bis es zur Explosion kommt und die Beziehung nicht mehr zu retten ist.

Im Berufsleben äußert sich mangelnde Konfliktfähigkeit oft als »innere Kündigung«: Anstatt Konflikte aufzuarbeiten und die Unzufriedenheit auszusprechen, zieht sich der Betroffene zurück. Eine Verbesserung der eigenen Lebenslage ist aber auch hier nur dann möglich, wenn wir den Mut aufbringen, uns mit der eigenen Situation auseinanderzusetzen und geeignete Schritte zur Verbesserung unternehmen. Je früher wir Konflikte registrieren, sie uns bewusst machen und nach Lösungsmöglichkeiten suchen, desto erfolgreicher verläuft unser Leben.

Über die Ursachen mangelnder Konfliktfähigkeit

Mangelnde Konfliktfähigkeit hat ihre Wurzeln meist schon in der Kindheit. Wenn Eltern ihren Kindern immer nur als vollkommene Wesen gegenübertreten, wird es das Kind später nicht oder nur schwer ertragen können, dass im eigenen Leben nicht alles so eindeutig ist, wie es seiner Wahrnehmung nach im Leben der Eltern war.

Die lebensfremde Idealvorstellung von konfliktfreien Beziehungen (»Wenn man sich wirklich liebt, streitet man nicht.«) kann sich nur deshalb so hartnäckig halten, weil viele Eltern glauben, dass sie vor ihrem Kind, vor ihren Freunden oder vor anderen Menschen jeden Konflikt leugnen müssen.

Auch Eltern, die von ihrem Kind bedingungslosen Gehorsam fordern, tun ihm nichts Gutes. Das Kind lernt dadurch nämlich, dass es keinen Sinn hat, Eigeninitiative und eigene Ideen zu entwickeln. Es wird also auch im späteren Leben keinen eigenen Standpunkt haben und nicht für sich entscheiden können. Da es nicht gelernt hat, sich mit Konflikten auseinanderzusetzen, hat es auch keine Chance, aufkommende Konflikte zu bewältigen, weder im privaten Bereich noch im Berufsleben. Diese Konflikte werden nicht gelöst, sondern lediglich verdrängt und wirken dann aber im Unbewussten weiter.

Wie bewältigt man seelische Konflikte?

Wie am folgenden Beispiel gezeigt wird, kann ein Konflikt erst dann bewältigt werden, wenn die dahinterliegenden unbewussten Gefühle und Wünsche bewusst gemacht werden.

Ein 28-jähriger Mann mit überdurchschnittlicher Ausbildung bleibt beruflich erfolglos. Er leidet deshalb unter quälenden Versagensängsten. In einer Gesprächstherapie wird er sich der verdrängten Wut gegen den Vater bewusst – ein Mann mit hohen Anforderungen an sich selbst und andere, der den Sohn mit Geboten und Verboten überschüttete. Der Sohn hasste ihn dafür, durfte sich aber diesen Hass nicht eingestehen: Einerseits war er als Kind von seinem Vater abhängig, und andererseits bewunderte er ihn auch. Die Wut gegen den Vater erzeugte in ihm starke Angst und Schuldgefühle. Da diese Wut und Angst jedoch verdrängt wurden, entstanden Versagensängste und die Furcht, vor Vorgesetzten oder Autoritäten eigene Ideen und Entscheidungen zu vertreten. Im Verlauf der Therapie werden ihm diese Zusammenhänge bewusst. Das Hindernis, das im Unbewussten wirkte und ihm nahezu jede Eigeninitiative und Entscheidung unmöglich machte, wird beiseitegeräumt.

Wenn ein Konflikt zu schweren seelischen Kränkungen geführt hat, ist es besonders schwierig, ihn zu erkennen. Wir leben lieber auf Sparflamme, anstatt uns an die schmerzvolle Situation zu erinnern. Die psychische Energie, die wir für eine erfolgreiche Lebensführung brauchen, wird vor allem dafür eingesetzt, den Konflikt und den damit verbundenen seelischen Schmerz zu verdrängen. Es gibt jedoch eine Reihe von Methoden, wie etwa die erwähnte Gesprächstherapie und andere Formen der Psychotherapie, mit deren Hilfe verdrängte Erfahrungen behutsam aufgearbeitet werden können und die dem Betroffenen ein zufriedeneres und glücklicheres Leben ermöglichen.

In den folgenden Kapiteln werden die häufigsten Störungen des seelischen Gleichgewichts beschrieben. Natürlich treten die einzelnen Störungen nicht immer sauber voneinander getrennt auf, sondern sind oft nebeneinander vorhanden. Meist ist jedoch ein Überwiegen des einen oder anderen Zustandes festzustellen.

Angst

Angst ist eine sinnvolle Einrichtung der Natur. Hätte ein Kaninchen keine Angst vor dem Fuchs, würde es nicht davonlaufen, sondern gefressen werden. Hätten wir nicht Angst, uns die Finger zu verbrennen, würden wir auf die heiße Herdplatte greifen und uns Schmerz und Schaden zufügen. Angst ist also für die Gesundheit und das Überleben eines Individuums notwendig. Angst entsteht nicht nur, wenn eine gefährliche Situation tatsächlich eintritt, sondern auch, wenn wir uns eine bedrohliche, möglicherweise mit Schmerzen verbundene Situation vorstellen.

Von dieser begründbaren, realen Angst unterscheidet sich die neurotische, irrationale Angst. Ein Beispiel: Kein Mensch käme auf die Idee, sich zu weit aus dem obersten Fenster eines Hochhauses zu beugen. Das ist vernünftig. Er könnte das Gleichgewicht verlieren und hinunterfallen. Wer jedoch bereits fünf Schritte von dem Fenster entfernt Herzklopfen, Schweißausbrüche und panikartige Angstzustände bekommt, sodass er nicht einmal aus dem Fenster schauen kann, ist durch seine Angst im täglichen Leben eingeschränkt. Das kann dann so weit gehen, dass der an Höhenangst leidende Mensch große Umwege machen muss, bloß um etwa eine Brücke zu vermeiden.

Tafel I: Symptome der Angst[2]

Psychomotorische Symptome
- Ruhelosigkeit, Bedürfnis sich zu bewegen
- Schnelles Gehen
- Schnelles Essen
- Zwanghaftes Essen
- Unruhige Hände und Füße
- Schreckreaktionen
- Zittern, Tics

Kognitive Symptome
- Beeinträchtigte Aufmerksamkeit
- Beeinträchtigte Konzentration
- Schlechte Urteilsfähigkeit
- Allgemeine Beeinträchtigung der Effizienz und Effektivität der geistigen Funktionen, besonders wenn die Aufgaben schwieriger werden

Körperliche Symptome
- Kopfschmerzen
- Rückenschmerzen
- Verstärktes Schwitzen (besonders Hände und Achselhöhlen)
- Schwäche und Müdigkeit
- Trockener Mund
- Kurzatmigkeit
- Engegefühl im Brustkorb

- Magenverstimmung
- Bauchschmerzen
- Durchfall
- Herzrasen
- Häufiger und dringender Harndrang
- Unregelmäßigkeit der Menstruation
- Schlaflosigkeit, Alpträume
- Muskelverspannungen

Emotionale Symptome
- Erregbarkeit
- Stimmungswechsel
- Gelegentliches Absinken der Zuneigung und des sexuellen Interesses
- Schuldgefühle

Phobien und andere Angststörungen

Die Psychologie unterscheidet im Wesentlichen zwei Formen neurotischer Angst: Die *phobische Angst* und die *Angstneurose.*

An *phobischer Angst* leidende Menschen fürchten sich vor einer bestimmten Sache oder Situation: Vor bestimmten Tieren, vor Fahrstühlen, vor kleinen Räumen, vor großer Höhe. Sie können unter Kontaktangst oder extremer Schüchternheit leiden, die zu Vermeidung sozialer Situationen führt. Man nennt diese Ängste auch *Phobien.* Wie entsteht nun eine derartige Phobie? Die Psychologie hat entdeckt, dass es einen direkten Zusammenhang zwischen verdrängten seelischen Inhalten und Ängsten vor bestimmten Dingen gibt. Wenn die Angst vor eigenen Gedanken oder Wünschen durch unsere psychischen Kontroll- und Abwehrmechanismen nicht oder nur unvollständig bewältigt werden kann, wird sie nach außen verlagert, da sie auf diese Weise leichter kontrolliert werden kann. Das folgende Beispiel illustriert diesen Zusammenhang:

Eine junge Frau wird jedes Mal, wenn sie mit dem Aufzug fahren soll, von panischer Angst befallen. Lieber geht sie mehrere Stockwerke zu Fuß, obwohl das Büro, in dem sie arbeitet, mehrere Stockwerke in einem Hochhaus umfasst. Ihre Arbeitssituation wird dadurch immer unerträglicher. Die Therapeutin, die sie schließlich aufsucht, findet die Wurzel der Angst in der Kindheit der Patientin: Die junge Frau wurde sehr streng erzogen und hat kaum Kontakt zu Männern. Ihren Wunsch nach körperlicher Nähe kann sie sich nicht eingestehen. Im engen Aufzug, in dem Menschen dicht gedrängt stehen, kommt sie auch Männern nahe.

In dieser Situation könnte ihr Wunsch nach sexueller Nähe zu stark werden. Um diese Angst zu bannen, verlagert sie diese nach außen: Ihre Angst vor sexuellen Annäherungswünschen wandelte sich unbewusst in eine Berührungsangst im Aufzug. Nun fürchtet sie sich, jemand könnte versuchen, sie in der engen Kabine zu berühren. In der Folge meidet sie Aufzüge. Sie ist sich jedoch nie bewusst, warum bereits der Gedanke, mit dem Aufzug zu fahren, in ihr so starke Angst auslöst.

Nicht immer ist der Zusammenhang so einfach herzustellen, und nicht immer lassen sich phobienartige Ängste durch die Vermeidung des Angst auslösenden Objektes (etwa: einfach nicht mit dem Aufzug fahren) in den Griff bekommen. Oft stehen sehr persönliche Erlebnisse hinter einer Phobie, die so tief sitzen, dass sie nur im Zuge einer Psychotherapie ergründet werden können.

An einer *Angststörung* leidende Menschen wissen in den meisten Fällen nicht wirklich, was ihnen Angst macht. Doch in regelmäßigen Abständen überkommt sie ein Zustand der Panik. Es beginnt möglicherweise mit einem flauen Gefühl im Magen, Schweißausbrüchen, einem würgenden Gefühl im Hals oder Herzrasen. Schon die Gefühle selbst versetzen ihn, als bekannte Vorboten eines Anfalls, in Angst und steigern diesen Zustand. Dazu kommen eventuell Zittern, Übelkeit und Erbrechen. Der Betroffene hat furchtbare Angst, ohne zu wissen, wovor. Solche Panikattacken können beispielsweise dazu führen, dass er es nicht mehr wagt, das Haus zu verlassen. Ein Beispiel:

Während des Einkaufens im Supermarkt bekommt Frau S. plötzlich Schweißausbrüche, weiche Knie und Herzrasen. Sie hat das Gefühl, einen Kreislaufkollaps zu erleiden. Auch daheim bessert sich ihr Zustand nicht. Der Hausarzt kann ihre Beschwerden kurzfristig bessern, einige Tage scheint es etwas besser zu gehen. Dann werden Durchfall, Schweißausbrüche, Schwindel und Herzrasen so schlimm, dass Frau S. nicht mehr aufstehen kann und zur Durchuntersuchung ins Krankenhaus kommt – eine körperliche Krankheit wird jedoch nicht festgestellt. Nach der Entlassung ist Frau S. sehr unruhig und aggressiv, dann bekommt sie so heftige Kopfschmerzen, dass sie den Notarzt ruft. Sie ist überzeugt, an einer schweren Krankheit zu leiden und hat schreckliche Angst. Dazu kommen Schlafstörungen und die Angst, sich etwas anzutun. Der Hausarzt verschreibt Beruhigungsmittel, die Frau S. aber »völlig lahmlegen«. Sie hat jetzt auch Angst, verrückt zu werden. Der Hausarzt empfiehlt ihr schließlich den Besuch bei einem Psychiater. Dieser stellt eine Angstkrankheit in Verbindung mit einer Depression fest. Mit seiner Hilfe gelingt es Frau S. binnen weniger Wochen, ihre Angst zu überwinden und zu ihrer Lebensfreude zurück zu finden.

In manchen Fällen der Angststörung hingegen setzt die Angst nicht anfallsartig ein, sondern besteht in einer allgemeinen Ängstlichkeit, die ständig vorhanden ist.

Die Angstabwehr

Die stärksten psychischen Kräfte sind die Triebe und Bedürfnisse. Sie wirken hauptsächlich im Hintergrund des Bewusstseins und veranlassen den Menschen zu bestimmten Verhaltensweisen. Was geschieht in der Psyche eines Menschen, wenn Triebimpulse oder Bedürfnisse auftreten, deren Befriedigung die Gesellschaft nicht billigt oder stark einschränkt?

Mit Hilfe so genannter *Abwehrmechanismen* kann die Psyche nicht bewusste, unerlaubte Triebimpulse oder Bedürfnisse, aber auch Fantasien, die Angst erzeugen, zeitweise oder dauernd so abwehren, dass sie nicht ins Bewusstsein gelangen. Einer der wichtigsten Abwehrmechanismen ist die *Verdrängung.* Sie bedeutet das Ausschließen seelischer Inhalte aus dem Bewussten.

Ein anderer wichtigster Abwehrmechanismus ist die *Projektion.* Projektion bedeutet, dass wir eine Eigenschaft, ein Gefühl oder ein Bedürfnis, das unser Denken stark beschäftigt,

---

das wir aber ablehnen, auf jemanden anderen übertragen und in ihm wiedererkennen.

Darüber hinaus gibt es noch andere Abwehrmechanismen, wie etwa die **Regression** (der Betroffene zieht sich auf ein frühkindliches Verhaltensniveau zurück), die **Rationalisierung** (der Versuch, ein Fehlverhalten logisch zu begründen) und die **Sublimation** (die Umwandlung von Triebimpulsen in sozial anerkannte Tätigkeiten).

Die Funktion aller psychischen Abwehrmechanismen besteht darin, Angst abzuwehren, indem sie verhindern, dass verbotene Triebwünsche oder Phantasien ins Bewusstsein gelangen.

Wie man lernt, mit der Angst umzugehen

Während ein geringer Grad von Angst die Leistungen verbessern kann – man konzentriert sich etwa bei einer Prüfung stärker –, blockiert starke Angst die Leistungsfähigkeit. Bei der Prüfung etwa ist plötzlich das ganze Wissen auf einmal wie weggeblasen, man kann sich an einen gelernten Text nicht mehr erinnern.

Paradoxerweise neigen gerade Menschen mit Angst zu der Auffassung, wenn sie nur wollten, könnten sie alles sofort zustande bringen. Sie überfordern sich, scheitern, und die Angst wird bestätigt und verstärkt.

Ein junger Mann mit hohen beruflichen Ambitionen hat starke Angst, in der Öffentlichkeit zu sprechen. Wenn er etwa bei Familienfeiern versucht, eine Rede aus dem Stegreif zu halten, bringt er kaum oder nur mühsam ein paar Worte hervor. Die Angst »schnürt ihm regelrecht die Kehle zu«. Auch wiederholte Versuche sind nicht erfolgreich – im Gegenteil, bei jedem Versagen wird seine Angst stärker. Im Rahmen eines Verhaltenstrainings lernt er schließlich, sich richtig vorzubereiten, indem er zunächst Sprechübungen macht und den Text aufschreibt, bevor er ihn vorträgt. Dadurch verringert sich die Angst und er kommt seinem Ziel, öffentlich sprechen zu können, viel rascher näher.

Viele Menschen glauben dennoch, es ginge nur darum, sich zusammenzureißen. Das Gegenteil ist jedoch der Fall. Das Gefühl »jetzt oder nie« ist eher dazu angetan, die Angst zu verstärken. Neurotische Angst lässt sich nicht mit Willenskraft oder Logik vermeiden. Am ehesten ist eine Besserung dieser Zustände mit Hilfe einer Therapie zu erreichen.

Je nach Grad und Art der Angst empfehlen sich verschiedene Therapieformen. Angstneurosen werden in leichteren Fällen mit psychotherapeutischer Unterstützung und Entspannungstechniken behandelt. Ebenso sind Übungen zweckmäßig, die eine langsame Annäherung und Gewöhnung an das, was Angst macht, erlauben. Auch wenn der Hintergrund der Angst nicht erklärt werden kann, erlernt der Betroffene durch das Training im Alltagsleben, besser mit seiner Angst umzugehen und sich von seinen Zuständen weniger behindern zu lassen. Eine weitere Möglichkeit ist das so genannte *Verhaltenstraining*. Der Patient lernt dabei in kleinen Schritten Verhaltensweisen, die das Aufschaukeln der Angst verhindern sollen.

Das Angstmanagement-Training

Eine sehr wirkungsvolle Therapie zur Bekämpfung von Angst ist das *Anxiety Management Training* – das Angstmanagement-Training. Es wurde in den 1970er Jahren von Richard Suinn und seinen Mitarbeitern an der Colorado State University entwickelt.[3] Dieses Training hat den Vorteil, dass es auch funktioniert, wenn die Ursachen der Angst nicht herausgefunden werden können. Es konzentriert sich vor allem auf die Kontrolle der Angstreaktionen. Der Betroffene lernt Techniken, die er nach Beendigung der Therapie auch ohne fremde Hilfe ausüben kann. Zunächst werden Entspannungsübungen trainiert, die später in den Angst machenden Situationen angewandt werden. In weiteren Schritten geht es dann darum, die Angstreaktion bewusst mit diesen Entspannungstechniken zu unterbrechen. Das Angstmanagement-Training darf allerdings nur mit Unterstützung eines erfahrenen Therapeuten erlernt werden.

Die Desensibilisierungstechnik

In Fällen von phobischen Ängsten hat sich besonders die *systematische Desensibilisierung* gut bewährt, ein Verfahren aus der Verhaltenstherapie. Auch hier wird nicht danach gefragt, warum die Angst besteht, vielmehr gewöhnt sich der Patient mit Hilfe von Übungen an das Angst auslösende Objekt oder die Angst machende Situation. Der Betroffene lernt, sich schrittweise, zunächst in der Vorstellung und dann in der Wirklichkeit, den Angst auslösenden Reizen auszusetzen und sich gleichzeitig dabei zu entspannen. Er beginnt das Training mit dem schwächsten Reiz und übt solange, bis er das Angst auslösende Objekt oder die Angst machende Situation angstfrei ertragen kann. Erst dann wird der nächststärkere Reiz in gleicher Weise angegangen. Sollte dabei die Angst zu groß werden, wird die Übung abgebrochen und ein anderes Mal wiederholt. So lernt der Patient, die Angst in verhältnismäßig kurzer Zeit zu beherrschen.

Als Bespiel kann hier eine Übung von John L. Shelton und John Mark Ackermann[4] beschrieben werden. Sie wurde für eine Frau zusammengestellt, die seit einem schweren Autounfall nicht mehr in der Lage war, Auto zu fahren. Die Übung bestand aus den folgenden 15 Schritten, wobei jeder einzelne Schritt täglich etwa 30 Minuten trainiert wurde. Die Frau wurde innerhalb von drei Wochen geheilt.

1. *Gehen Sie in die Garage, und sehen Sie sich das Auto an. Setzen Sie sich hinein, entspannen Sie sich.*

2. *Stellen Sie sich vor: auf dem Fahrersitz, entspannt, im Sitz angeschnallt, Atem holen, Motor anstellen.*

3. *Setzen Sie sich auf den Fahrersitz, und entspannen Sie sich.*

4. *Stellen Sie sich vor: Motor anstellen.*

5. *Stellen Sie den Motor an. Entspannen Sie sich. Das Auto läuft im Leerlauf. Steigen Sie auf die Bremse.*

6. *Stellen Sie sich vor: das Auto rückwärts auf die Straße fahren. Entspannt und ruhig.*

7. *Fahren Sie das Auto auf die Straße. Auf der Straße stehen bleiben. Entspannt.*

8. *Stellen Sie sich vor: eine Meile zu Albertson zum Einkaufen fahren. Sie sind sehr ruhig beim Fahren.*

9. *Fahren Sie eine Meile zu Albertson zum Einkaufen.*

10. *Stellen Sie sich vor, Sie fahren auf der 9. Straße mit 35 Meilen pro Stunde.*

11. *Fahren Sie auf der 9. Straße mit 35 Meilen pro Stunde.*

12. *Stellen Sie sich vor, Sie fahren auf einer Landstraße mit 45 Meilen pro Stunde.*
13. *Fahren Sie auf der Landstraße mit 45 Meilen pro Stunde.*
14. *Stellen Sie sich vor, Sie fahren 60 Meilen pro Stunde.*
15. *Fahren Sie 60 Meilen pro Stunde.*

Leichte Ängste

Jeder von uns kennt Fälle von leichter Angst, die in ganz bestimmten Fällen auftreten und nicht gleich den Besuch eines Therapeuten erfordern: etwa Unbehagen beim Fliegen, Angst vor Prüfungen, Nervosität in Stresssituationen und vieles mehr. In all diesen Fällen sind Entspannungsübungen hilfreich. Entspannung ist ein Zustand, der die Angst ausschließt. Anders ausgedrückt: Ängstliche Menschen können nicht entspannt sein, und entspannte Menschen sind nicht ängstlich. Im zweiten Teil dieses Buches finden Sie einige Entspannungsübungen, die Sie auch alleine leicht erlernen können.

TEST
Leiden Sie unter Angst?[5]
Der folgende Test ersetzt keine Arztdiagnose! Er dient lediglich zur Orientierung und kann Ihnen die Entscheidung erleichtern, sich in fachliche Betreuung zu begeben. Beantworten Sie alle Fragen, und rechnen Sie am Schluss Ihre Punkte zusammen. Kreuzen Sie die Antwort an, die Ihrem Befinden während der letzten Woche am besten entspricht oder entsprochen hat.

	nie/selten	manchmal	oft	meistens/immer
1. Ich fühle mich nervöser und ängstlicher als sonst.	1	2	3	4
2. Ich fürchte mich ohne jeden Grund.	1	2	3	4
3. Ich rege mich leicht auf und bekomme das Gefühl, in Panik zu geraten.	1	2	3	4
4. Ich habe das Gefühl zusammenzubrechen.	1	2	3	4
5. Ich glaube, dass alles in Ordnung ist und nichts Schlimmes geschehen wird.	4	3	2	1
6. Meine Arme und Beine zittern.	1	2	3	4
7. Ich leide an Kopf-, Nacken- und Rückenschmerzen.	1	2	3	4
8. Ich fühle mich schwach und werde schnell müde.	1	2	3	4
9. Ich fühle mich ganz ruhig und kann gut still sitzen.	4	3	2	1
10. Ich kann spüren, wie mein Herz ganz schnell pocht.	1	2	3	4
11. Ich leide unter Schwindelanfällen.	1	2	3	4
12. Ich habe Ohnmachtsanfälle oder das Gefühl, ohnmächtig zu werden.	1	2	3	4
13. Ich kann frei ein- und ausatmen.	4	3	2	1
14. Ich bekomme so ein Gefühl von Taubheit und Kribbeln in den Fingern.	1	2	3	4
15. Ich leide unter Magenschmerzen oder Verdauungsstörungen.	1	2	3	4

	nie/selten	manchmal	oft	meistens/immer
16. Ich muss häufiger Wasser lassen.	1	2	3	4
17. Meine Hände sind trocken und warm.	4	3	2	1
18. Ich fühle, wie mein Gesicht heiß wird und ich erröte.	1	2	3	4
19. Ich schlafe leicht ein und finde erholsamen Schlaf.	4	3	2	1
20. Ich kann mich zu nichts aufraffen.	1	2	3	4
SUMME				

Auswertung:

Die Entwickler dieses Fragebogens gehen davon aus, dass ab einer Punktzahl von 36 eine behandlungsbedürftige Angsterkrankung vorliegt. Sollten Sie so viele oder sogar noch mehr Punkte erzielen, wird Ihnen dringend empfohlen, sich fachärztliche oder psychotherapeutische Hilfe zu gönnen. Kopieren Sie diesen Test, und nehmen Sie ihn ausgefüllt zu Ihrem Arzt oder Psychotherapeuten mit.

Depression

Was das Wörterbuch zurückhaltend mit »gedrückter, trauriger Stimmung« umschreibt, ist eine der häufigsten und wichtigsten seelischen Erkrankungen. Fast jeder fünfte Mensch leidet irgendwann in seinem Leben unter einer depressiven Periode. Bei gut der Hälfte dieser Personen wird die depressive Störung so schwer, dass eine Behandlung erforderlich ist.

Depression ist ein weltweites Phänomen. Es wird geschätzt, dass über 100 Millionen Menschen auf der ganzen Erde davon betroffen sind und jährlich mehr als 800 000 Neuerkrankungen hinzukommen. Sehr oft wird eine depressive Störung als solche überhaupt nicht erkannt. Neuere Studien belegen, dass etwa die Hälfte aller Patienten, die entsprechende Symptome aufweisen und deshalb einen Arzt aufsuchen, von diesem nicht als depressiv diagnostiziert und somit auch nicht adäquat behandelt werden.

Obwohl diese Krankheit, die auch unter den Namen Melancholie, Schwermut oder Trauersucht bekannt ist, schon seit etwa 3000 Jahren beschrieben wird, weiß man über die Ursachen recht wenig. Depressionen können sich auf vielerlei Weise darstellen. Allen Formen ist jedoch die gedrückte Grundstimmung und eine pessimistische Einstellung gegenüber der Zukunft gemein: Alles wird schlecht ausgehen, jedes vorstellbare Unglück wird eintreten und die Depressionen werden nie aufhören.

Depressionen äußern sich unter anderem in Antriebslosigkeit, Schwermütigkeit, Schuldgefühlen, Angst vor schweren Krankheiten und Selbstvorwürfen. Meist ist dieser Zustand in den Morgenstunden am schlimmsten. Der Kranke verlässt unter Umständen das Bett nicht mehr, lässt sich gehen und denkt an Selbstmord.

Etwa zehn Prozent aller Depressiven unternehmen tatsächlich einen Selbstmordversuch. Bisweilen findet man auch eine so genannte *erregte Depression* vor, die die gleichen Symptome aufweist, aber zusätzlich mit starker Ruhelosigkeit und Angst verbunden ist.

Neueste Untersuchungen belegen, dass über drei Viertel aller Depressionen mit anderen psychischen Störungen einhergehen, vor allem mit Angststörungen, Sucht oder verschiedensten körperlichen Störungen. Aber auch Zwänge, Belastungsstörungen, Essstörungen, Substanzmissbrauch, Schlafstörungen, sexuelle Störungen und Persönlichkeitsstörungen können mit der Depression einhergehen.

Die Frage, ob die Depression zuerst oder erst in Folge der anderen Erkrankungen auftritt, ist kaum zuverlässig zu beantworten.

Auf die Frage, welche der Störungen zuerst da war, antworten Betroffene aber meist, dass die Depressionen den anderen Schwierigkeiten und Störungen nachfolgten.

TEST

Sind Sie depressiv?

Stellen Sie sich ehrlich die folgenden Fragen:

1. Können Sie sich noch freuen?
2. Fällt es Ihnen in letzter Zeit schwer, Entscheidungen zu treffen?
3. Fällt es Ihnen in letzter Zeit schwer, sich zu beschäftigen?
4. Haben Sie in letzter Zeit weniger Interesse?
5. Neigen Sie in letzter Zeit zum Grübeln?
6. Haben Sie Schlafstörungen?
7. Fühlen Sie sich müde und niedergeschlagen?
8. Plagt Sie manchmal das Gefühl, Ihr Leben sei sinnlos?

Wenn die erste Frage mit »Nein« beantwortet wird, ist das Vorhandensein einer depressiven Störung wahrscheinlich. Das gleiche gilt auch, wenn eine der anschließenden Fragen mit »Ja« beantwortet wird. Eine eindeutige Diagnose, ob eine depressive Störung vorliegt, kann allerdings nur vom Facharzt gestellt werden.

Tafel II: Symptome der Depression[6]

• Gefühlsleben: Traurigkeit, Schwermut, Lust- und Freudlosigkeit, Gefühl der Gefühllosigkeit (keine Gefühle mehr aufbringen zu können), Leere oder Versteinerung, Gefühl einer schweren Last, keine Lebensenergie, Niedergedrücktsein, Verzagtsein. Hoffnungslosigkeit, Pessimismus, Verzweiflung, Schuldgefühl, Angst; das Gefühl, nichts wert zu sein, klein zu sein, Selbstmordgedanken.

- Hypochondrie: Es besteht die Befürchtung oder der Verdacht, krank zu sein. Die leiblichen Regungen werden in gesteigerter Aufmerksamkeit ängstlich und sorgenvoll beobachtet und vielfach überbewertet.
- Denken: Gedankenkreisen, Grübeln (»Sinnieren«), Grübelzwang, Einfallslosigkeit, Gedankenleere und Gedankenarmut, Denkunfähigkeit, Denkhemmung, Entscheidungsunfähigkeit und Entschlusslosigkeit, Willensunfähigkeit.
- Zeiterleben: Die Zeit geht sehr langsam vorbei oder steht gar still, kann aber auch am Betroffenen vorbeirasen.
- Wahnhafte Befürchtungen oder Überzeugungen: Die depressive Stimmung bestimmt das Erleben, führt zu wahnhaften Befürchtungen oder Überzeugungen: von der Vorstellung leiblicher Krankheit, Verfall, Untergang bis zur Vorstellung »Ich bin gar nicht mehr«, der Überzeugung persönlicher Schuld, Versündigung, Verdammnis, der Befürchtung wirtschaftlichen Niedergangs, Verarmung, Verarmungswahn (»Ich habe nichts mehr, ich muss verhungern«).
- Wahrnehmung: Alles wird grau, fahl, öde, unlebendig. Der Kranke selbst fühlt sich unlebendig und unwirklich und auch die Umwelt kann ihm so erscheinen.

Wie Depressionen entstehen

Depressionen können unterschiedliche Ursachen haben. Je nach der Ursache ihrer Entstehung lassen sich die depressiven Erkrankungen in folgende Gruppen unterteilen:

Die *endogenen Depressionen:* Hier werden in erster Linie körperliche Ursachen vermutet, die aber bislang nicht sicher nachgewiesen werden konnten. Man nimmt an, dass die Erkrankung gewissermaßen von innen heraus (endogen) entsteht. Diese Art von Depressionen zeichnet sich vor allem dadurch aus, dass die Zustände am Morgen meist schlimmer sind als am Abend und im Herbst und Frühjahr stärker als im Sommer und Winter.

Die *larvierten (verdeckten) Depressionen:* Bisweilen kommt es vor, dass sich eine Depression vor allem in Form von körperlichen Symptomen äußert. Dem Arzt zeigt sich ein Krankheitsbild, in dem typische depressive Symptome durch körperliche Störungen »maskiert« werden. So kann sich die Erkrankung vorwiegend als Druck- oder Schmerzgefühl in der Herz- oder Magengegend äußern. Oder es wird ein Engegefühl im Hals oder in der Brust empfunden. Der Kopf kann schwer wie Blei sein und der Betroffene klagt über ständige Kraftlosigkeit und Energiemangel. Wegen der vordergründigen körperlichen Störungen werden die larvierten Depressionen oft nicht oder erst sehr spät erkannt und sind meist nur von einem Fachmann als Depression erkennbar.

Depressionen, die durch körperliche Krankheiten ausgelöst werden: Es gibt nachweisbare körperliche Krankheiten, die direkt oder indirekt das Gehirn in Mitleidenschaft ziehen und eine Depression auslösen können. Zu diesen Krankheiten zählen unter anderem Hirnarteriosklerosen, Hirntumore, traumatische Hirnschäden, chronischer Drogen- und Alkoholmissbrauch, fortgesetzte Einnahme bestimmter Medikamente, hormonelle Umstellungen wie sie etwa in den Wechseljahren auftreten, chronische Herz-Kreislauf-Krankheiten, Rekonvaleszenz nach Infektionen und gelegentlich auch Drüsenerkrankungen.

Sehr viele Depressionen haben jedoch ausschließlich seelische Ursachen. Dazu gehören vor allem die reaktiven und die neurotischen Depressionen.

Die *reaktiven Depressionen:* Sie sind einigermaßen klar zu erkennen. Sie treten als Folge eines tatsächlichen Verlustes oder einer tatsächlichen Kränkung auf, so etwa beim Tod einer geliebten Person, beim Verlassenwerden oder nach einer Scheidung. Auch ein Außenstehender kann die Trauer und den seelischen Schmerz des Betroffenen leicht nachvollziehen. Dauert diese Trauerphase extrem lang, kann der Verlust nicht verwunden werden, spricht man von einer reaktiven Depression. Teilnehmende und authentische Zuwendung der Freunde oder eine Gesprächstherapie können über eine solche Phase oft hinweghelfen.

Die *neurotischen Depressionen:* Hier sind die Ursachen für einen Außenstehenden nicht so leicht erkennbar, da die Trauer meist nicht auf einen akuten Anlass zurückzuführen ist. Dieser Depression liegen ein unbewusster, häufig in der Kindheit entstandener Konflikt und eine neurotische Verdrängung zu Grunde. Über das Zustandekommen der neurotischen Depression gibt es verschiedene Hypothesen. So haben Psychotherapeuten beobachtet, dass es sich bei Patienten, die unter einer neurotischen Depression leiden, meist um Menschen mit einem sehr starken Über-Ich handelt. Das bedeutet, dass die Regeln und Werte, nach denen sie sich selbst und ihre Taten beurteilen, so streng sind, dass sie sich ständig als Versager fühlen. Dies ist vermutlich eine der Ursachen für ihre Inaktivität

(»Es hat ja doch keinen Sinn, dass ich etwas tue, es ist sowieso alles schlecht und sinnlos«). Wichtige Bedürfnisse werden aus Angst nicht befriedigt, der Betroffene traut sich nicht, seinen eigenen Willen zu entwickeln. (»Das darf man nicht, es wird Schreckliches geschehen, wenn ich das tue«). Die Energien, die ein Mensch normalerweise für verschiedene Aktivitäten benötigt, scheinen bei ihm wie gelähmt. Das führt dazu, dass er von sich aus gar nichts mehr tut. Er macht sich Vorwürfe und richtet seine Energien gegen sich selbst. Weil jede Handlung als unzureichend erlebt wird, sitzt er bloß da und grübelt. Den Hass, den er eigentlich gegen jene spüren sollte, die ihn so stark eingegrenzt haben (etwa ein strenger Vater), richtet er gegen seine eigene Person. (»Es ist alles meine Schuld«). Das kann bis zum Gedanken an Selbstmord führen.

Oft werden depressive Menschen durch fehlende Geborgenheit, Zärtlichkeit und Sicherheit bereits in ihrer Kindheit frustriert und können daher kein gesundes Selbstvertrauen entwickeln. Das ist eine der Ursachen dafür, dass sie sich als Erwachsene häufig an Personen klammern, die ihnen ihre Entscheidungen abnehmen sollen. Die Selbstbestätigung, die sie sich selbst nicht geben können, suchen sie bei anderen. In der Folge werden sie von anderen Menschen extrem abhängig und schon ein falsches Wort kann sie in abgrundtiefe Verzweiflung stürzen.

Einen anderen Erklärungsversuch liefert die Theorie der *sozialen Verstärker*. Soziale Verstärker sind die Zuwendungen, die ein Mensch aus seiner Umwelt erhält: ein Lächeln, ein Kompliment, ein Lob, ein interessiertes Gespräch, Anerkennung, kurz alles, was uns täglich beweist, dass die anderen uns mögen und dass wir etwas Nützliches und Sinnvolles tun. Der Psychologe Peter M. Lewinsohn vertrat die Theorie, dass zwei Faktoren für die Depression bedeutend sind: Die mangelnde Fähigkeit depressiver Menschen, soziale Kontakte anzuknüpfen und aufrechtzuerhalten sowie die mangelnden sozialen Verstärker, die auf ihr Verhalten folgen. Seiner Auffassung nach sind depressive Menschen ungeschickt im Umgang mit ihren Mitmenschen und können andere daher nicht dazu veranlassen, ihnen mit Aufmerksamkeit und Zuwendung die nötige Verstärkung zu geben. Nicht selten entwickelt sich ein Teufelskreislauf, wie er im folgenden Beispiel beschrieben ist:

Herr K. hat das Pensionsalter erreicht. Er ist finanziell gut abgesichert und könnte nun in Ruhe das Leben genießen. Aber Herr K. verkraftet seinen Austritt aus dem Berufsleben nicht. Er wird zunehmend depressiv, fühlt sich nicht mehr anerkannt und findet keinen Sinn mehr in seinem Leben. Freunde und Verwandte kümmern sich deshalb besonders liebevoll um ihn, versuchen ihn aufzumuntern und auf andere Gedanken zu bringen. Herr K. macht also die Erfahrung, dass sich die anderen besonders intensiv um ihn kümmern, wenn es ihm schlecht geht. Endlich erhält er wieder die Zuwendung, die ihm seit seiner Pensionierung abgeht. Statt Anerkennung durch eine sinnvolle Beschäftigung mit neuen Dingen und kraft seiner Persönlichkeit zu erlangen, sucht er nun nach weiteren Gründen für seine Depression, um weiter bemitleidet und umhegt zu werden. In der Folge wird er von der mitleidigen Zuwendung seiner Mitmenschen extrem abhängig. Aber vielen seiner Verwandten und Bekannten wird die Last, in einem derartigen Ausmaß für Herrn K.s Wohl verantwortlich zu sein, zu schwer: Nach und nach wenden sie sich von ihm ab, und Herr K. versinkt noch tiefer in sein Unglück.

Aber auch wenn sich seine Mitmenschen nicht abwenden sollten, wäre dem Depressiven nicht wirklich geholfen: Er weiß, wie abhängig er von ihnen ist und nimmt ihnen jeden Versuch, sich zu entfernen, übel – fast wie ein kleines Kind es seiner Mutter übel nimmt, wenn sie nicht ständig bei ihm ist. Bei dem Versuch, seine innere Leere durch andere (meist sind es nur ein bis zwei Bezugspersonen) auszufüllen, überfordert er diese Menschen heillos. Nachdem sie gescheitert sind, wird der Depressive mit Selbstmitleid, Selbstvorwürfen oder auch mit Hass und Zorn reagieren, weil ihm die verstärkende Zuwendung entzogen wurde.

Was sich gegen eine Depression tun lässt

Das wichtigste Ziel in der Behandlung eines depressiven Menschen ist die rasche Beseitigung der depressiven Symptome, wie die Niedergeschlagenheit, die Passivität, die innere Unruhe, die Angst und die Schlaflosigkeit.

Es liegt auf der Hand, dass bei Depressionen, die eine rein körperliche Ursache haben, die Gabe von antidepressiven Medikamenten zwar sinnvoll sein kann, die ärztliche Behandlung des körperlichen Grundleidens aber im Vordergrund stehen wird. Daher muss abgeklärt werden, ob eine körperliche Krankheit Ursache der Depression sein könnte. In einem solchen Fall ist auch die Behandlung durch einen entsprechenden Facharzt nötig. Bei den endogenen Depressionen hingegen erfolgt die Behandlung primär mit antidepressiven Medikamenten.

Bei der Gruppe der seelisch bedingten Depressionen, also etwa der neurotischen und reaktiven Depressionen, werden antidepressive Medikamente vorwiegend als Begleitbehandlung eingesetzt. Im Zentrum der Behandlung stehen hier jene psychotherapeutischen Verfahren, die es dem Patienten ermöglichen, sich die Ursachen seiner unbewussten Konflikte bewusst zu machen. Dadurch wird der Weg zur Entfaltung eigener Kräfte und Möglichkeiten freigemacht, übertriebene Selbstanforderungen werden abgebaut und die Selbstsicherheit gestärkt. Die Therapieform sollte so gewählt werden, dass sie nicht nur der Beseitigung von Symptomen dient, sondern Hilfe zur Selbsthilfe anbietet.

Grundsätzlich sollten sich psychotherapeutische Verfahren und medikamentöse Behandlung ergänzen und keinesfalls ausschließen. So ermöglicht in manchen Fällen erst eine erfolgreiche Behandlung mit Medikamenten die Anwendung eines psychotherapeutischen Verfahrens. Die Gabe von antidepressiven Medikamenten allein kann depressive Symptome bessern oder zum Verschwinden bringen – eine Psychotherapie, die ursächliche Konflikte löst, kann sie nicht ersetzen.

Neben akut einmalig auftretenden Depressionen gibt es auch Depressionen, die in regelmäßigen Abständen wiederkehren. In diesem Fall kann der Arzt gegen das häufige Auftreten der Erkrankung so genannte Stimmungsstabilisatoren verordnen. Im Lauf der Behandlung sollten die Abstände zwischen den einzelnen Erkrankungsphasen immer länger und ihre Intensität immer schwächer werden. Je länger die Stimmungsstabilisatoren eingenommen werden, umso deutlicher wird in der Regel die Schutzwirkung spürbar. Nicht selten gelingt es, die periodische Wiederkehr einer Depression völlig zu verhindern.

In jedem Fall gilt: die medikamentöse sowie die psychotherapeutische Behandlung eines depressiven Menschen gehört in die Hände eines Facharztes oder einer Fachärztin, da nur sie beurteilen können, wie schwer die Erkrankung ist und welche Art von medikamentöser und psychotherapeutischer Behandlung im konkreten Fall erforderlich ist.

Wie man mit depressiven Menschen umgeht

Im Umgang mit depressiven Menschen ist es in erster Linie wichtig, den Betroffenen nicht zu überfordern, weil das zur Quelle neuer Selbstvorwürfe werden kann. Falsch wäre es also, ihn aufzufordern, sich zusammenzureißen. Er kann es nicht und wird deshalb noch mehr Schuldgefühle entwickeln. Es ist sinnlos, ihm irgendwelche Arbeiten aufzubürden, etwa »weil das nicht mehr so weitergehen kann und weil du doch nicht immer nur im Bett herumliegen kannst«. In Gesprächen ist es vielmehr wichtig, ihn zu stützen und ihm das Gefühl geben, zu ihm zu stehen und für ihn da zu sein. Je mehr Verständnis einem depressiven Menschen entgegen gebracht wird, desto eher wird er in der Lage sein, Vertrauen zu fassen, was schon ein erster positiver Schritt sein kann. Auf jeden Fall sollte ihm ein Besuch beim Arzt nahegelegt werden.

Besonders wichtig ist es, Selbstmordäußerungen sehr ernst zu nehmen. Oft hört man etwa: »Sie meint es ja gar nicht ernst, sie will nur die Aufmerksamkeit auf sich lenken.« Diese Auffassung ist falsch und kann einen depressiven Menschen das Leben kosten. Gerade wenn diese Menschen mit ihren Nöten nicht ernst genommen werden, sehen sie in ihrer Verzweiflung oft kein anderes Mittel der Kontaktaufnahme zu ihren Mitmenschen, als tatsächlich einen Selbstmordversuch zu unternehmen. Jede derartige Äußerung muss deshalb als Hilferuf des Kranken verstanden werden, der rasch der Hilfe eines guten Arztes bedarf.

Depressive Verstimmung

Eine depressive Verstimmung könnte man als sehr leichte Form der Depression bezeichnen, die hin und wieder bei jedem Menschen vorkommt. Sie zeichnet sich dadurch aus, dass der Betroffene den Willen hat und die Möglichkeit sieht, durch In-Sich-Gehen und durch Gespräche mit anderen die Ursachen seiner Verstimmung zu ergründen. Im Folgenden werden einige leicht anwendbare Techniken angeführt, die helfen, die Symptome einer depressiven Verstimmung abzuschwächen und zu kontrollieren.

Aktiv werden

Während man oft glaubt, dass man aktiver sein wird, wenn man sich wohl fühlt, ist es in Wirklichkeit so, dass man zuerst aktiver werden muss, um sich wohl zu fühlen. Dosierte Aktivität ist eine gute Möglichkeit, sich »am eigenen Schopf aus dem Sumpf zu ziehen«, wenn eine depressive Verstimmung nicht zu weit fortgeschritten ist. Dabei sollten vor allem Aktivitäten gewählt werden, die wirklich Spaß machen und Kontakte schaffen.

Als ein besonders wirksames Mittel beschreibt der amerikanische Arzt Kenneth H. Cooper[7] Sport. Er entwickelte ein Aufbautraining, das auch für kranke Menschen, ja sogar Herzinfarktpatienten, geeignet ist. Es baut auf die Erkennt-

nis, dass körperliche Verfassung und Gefühle des Wohlbe-
findens eng miteinander in Beziehung stehen. Depressiv verstimmte Menschen fühlen sich nicht wohl und sind deshalb
auch meist körperlich inaktiv und bewegen sich nur wenig.
Weil Bewegungsübungen und körperliches Training nicht
nur die Leistungsfähigkeit, sondern auch die Selbstsicherheit
und die Gemütsverfassung verbessern, können sportliche Aktivitäten viel zur Beseitigung depressiver Gefühle beitragen.

In Coopers Testgruppen fanden sich Personen aller Alters-
klassen, auch solche, die nie in ihrem Leben Sport betrieben
hatten. Das Ergebnis: Wenn jemand durch gezieltes Training
seine körperliche Verfassung verbessern konnte, besonders
wenn er damit ein körperliches Leiden überwunden hatte,
dann zeigte sich »das Gemüt ebenso verjüngt wie der Körper«. Der Mechanismus, der hier zum Tragen kommt, ist je-
nem ähnlich, der im Kapitel über psychosomatische Zusammenhänge (siehe Seite 154) besprochen wird. Genauso wie
seelische Vorgänge auf die Entstehung und den Verlauf körperlicher Erkrankungen Einfluss nehmen, hat auch der körperliche Zustand Einfluss auf die Psyche.

Dabei kommen natürlich auch die angenehmen Neben-
wirkungen jeder sportlichen Betätigung zum Tragen. Durch
die Konzentration auf das Spiel oder die Übung kreisen die
Gedanken nicht mehr ständig um dieselben unangenehmen
Dinge, und außerdem lassen sich »spielend« neue Freundschaften knüpfen.

Gut zu sich selbst sein

Depressiv verstimmte Menschen sind oft der Auffassung, sie
leisteten zu wenig und alles was sie tun, sei unnütz. Deshalb

gönnen sie sich nichts, weil sie glauben, dass ihnen nichts zusteht. Sie verbieten sich kleine Freuden wie einen Kaffeehausbesuch, einen Schaufensterbummel oder einen Kinoabend. Sie sehen nur eine Vielzahl von unangenehmen Dingen vor sich, die sie nicht erfüllen können, Aufgaben, die sie nicht bewältigen können oder wollen und Berge von Arbeit, die nicht erledigt sind. Sie gönnen sich daher keine Pause, werden immer missmutiger, leisten immer weniger, während die unerledigte Arbeit immer mehr wird. Sie befinden sich im schönsten Teufelskreis.

Diesen Kreislauf gilt es zu durchbrechen. Es ist wichtig, sich zwischendurch auszuruhen und sich kleine Belohnungen zu gönnen. Oft hilft es, sich selbst etwa so zu motivieren: »Jetzt räume ich den Schreibtisch auf, dann mache ich mir eine Tasse Tee« oder »Erst wasche ich das Geschirr, dann teste ich das neue Computerspiel«. Wichtig ist dabei, dass die Aufgabe auch wirklich rasch erledigt werden kann. Es wäre falsch, sich etwa vorzunehmen: »Nur wenn ich heute noch das ganze Haus putze, gehe ich mit meinen Freunden ins Kino.«

Finden Sie heraus, worauf sie wirklich Lust haben: ein duftendes Bad, wenn die Kinder bereits im Bett sind; eine Beiseltour mit Freunden; ein Spaziergang in der Sonne; ein Tratsch mit den Nachbarn; ein neues Buch. Ein ausgewogenes Verhältnis von Arbeit und Entspannung ist für ein ausgeglichenes Seelenleben wichtig. Wer depressiv verstimmt ist, sollte sich immer wieder klarmachen, dass jeder Mensch ein Recht darauf hat, sich wohl zu fühlen.

Die Gedankenstopp-Technik

Eine Technik, die bei depressiven Verstimmungen oft hilft und leicht angewandt werden kann, ist der *Gedankenstopp*. Zunächst ist dabei wichtig, dass man wiederkehrende negative Gedanken, wie etwa »Ich habe immer nur Pech gehabt«, »Ich werde es nie zu etwas bringen«, »Mich schaut nie jemand an« als solche identifiziert und genau reflektiert, ob und wie »wahr« diese Gedanken eigentlich sind.

Nicht selten entwickeln sich derartige Gedanken als eine Art Trotzreaktion auf die überzogenen Ansprüche und Vorgaben unserer Eltern. Das passiert vor allem dann, wenn uns unsere Eltern ständig mit zu hohen Erwartungen überfordert haben, wie etwa: »Du wirst eines Tages eine berühmte Wissenschaftlerin« »Du wirst ein berühmter Musiker«, »Du hast Anlagen, ein herausragender Sportler zu werden« und ähnliches mehr. Zu Recht fühlen wir uns durch solche Vorgaben massiv unter Druck gesetzt. Aus unbewusstem Trotz gegen die Eltern verkehren wir diese Forderungen daher unter Umständen ins Gegenteil: »Aus mir wird nie etwas werden« oder »Ich bin dieser Aufgabe nicht gewachsen«. Durch eine derartige innere Einstellung wird es uns schließlich nicht einmal mehr möglich, selbst ganz einfache Leistungen zu erbringen.

Man überprüfe außerdem, in welchen Situationen diese negativen Gedanken auftreten. Fühle ich mich als Versager, nur weil ich eine Kleinigkeit im Büro falsch gemacht habe oder ein Kollege befördert wurde? Denke ich, dass ich immer nur Pech habe, nur weil mir der Bus davon gefahren ist? Fühle ich mich hässlich, nur weil eine Bekannte einen attraktiven neuen Freund hat? Oft entdecken wir dann, dass die immer wiederkehrenden negativen Gedanken gar nicht angemessen sind.

In all den Fällen, wo man unter wiederkehrenden negativen Gedanken leidet, kann man die Gedankenstopp-Technik anwenden. Sobald man bemerkt, dass negativ gefärbte Gedanken auftauchen, sage man zu sich – bevor die Gefühle zu stark werden! – »Das ist übertrieben, diese Gedanken stimmen nicht« oder einfach »Halt, diese Gedanken sind falsch«. Dann versuche man an etwas zu denken, das man gut gemacht hat, an ein erfolgreiches Unterfangen oder an ein Kompliment, das man bekommen hat. Die Gedankenstopp-Technik erfordert allerdings eine offene und ehrliche Selbstbeobachtung und muss über eine längere Zeitspanne geübt werden, um damit Erfolg zu haben.

Körperliche Ursachen der depressiven Verstimmung

In manchen Fällen können depressive Verstimmungen auch rein körperliche Ursachen haben. So können sie beispielsweise durch die Einnahme der Antibabypille hervorgerufen werden. In den Wechseljahren leiden viele Frauen neben depressiven Verstimmungen auch unter Hitzewallungen, Unregelmäßigkeiten der Periode, Nervosität und Schlaflosigkeit. Weit verbreitet ist auch das *prämenstruelle Syndrom (PMS)*: Darunter versteht man starke Gefühlsschwankungen mit depressiver Verstimmung sowie Gefühle innerer Spannung und Unausgeglichenheit, die bei manchen Frauen einige Tage vor der Periode auftreten. Oft wissen die Betroffenen nicht um den Zusammenhang und stellen nur fest, dass sie unter unerklärlichen Stimmungsschwankungen leiden, dass sie an diesen Tagen zu nichts Lust haben, gereizt und launisch sind.

Die Ursachen dieser Art von Verstimmungen sind nicht restlos geklärt. Es wird angenommen, dass hormonelle Veränderungen während des Zyklus dafür verantwortlich sind. In schwereren Fällen ist deshalb der Weg zum Frauenarzt angebracht. In leichteren Fällen können eine sportliche Betätigung und ein ausgeglichener Lebenswandel zu einer Besserung beitragen.

Vielen Frauen hilft es, sich daran zu erinnern, dass ihnen während dieser Zeit nicht wirklich etwas Schreckliches widerfährt, sondern dass ganz normale körperliche Vorgänge für die Beschwerden und die Verstimmung verantwortlich sind. Entspannungsübungen, wie das autogene Training, die progressive Muskelentspannung nach Jacobson oder spezielle Atemübungen können helfen, da alle diese Methoden seelisch wie körperlich ausgleichend wirken.

Eifersucht

Eifersucht ist eine durchaus natürliche Gemütsregung, die vor allem dann auftritt, wenn sich ein geliebter Mensch einem anderen stärker zuzuwenden droht. Eifersucht tritt zwischen Ehepartnern, Freunden, Eltern und Kindern auf – eben in allen Beziehungen, in denen gefühlsmäßige Bindungen eine Rolle spielen. Dabei muss nicht unbedingt immer ein sexueller Zusammenhang bestehen. Eine Frau kann etwa auf eine Freundin ihres Mannes eifersüchtig sein, weil sie eine Affäre vermutet. Ebenso kann aber auch sein bester Freund, mit dem der Mann viel Zeit verbringt, ihre Eifersucht auf sich ziehen.

Unsere Liebesbeziehungen als Erwachsene tragen immer ein Stück der Beziehung zu unseren Eltern in sich. In Partnerbeziehungen haben wir daher auch mehr oder weniger stark ausgeprägte *Verlustängste,* aus denen sich Eifersucht entwickeln kann, besonders wenn in der Beziehung zu wenig Vertrauen besteht. Wenn es zwei Menschen gelingt, in einer Beziehung ein hohes Maß an Vertrauen und nicht besitzergreifender Liebe zu entwickeln, werden sie verhältnismäßig rasch bestehende Verlustängste verlieren und auch selten das Gefühl quälender Eifersucht erleben.

Die Wurzeln der Eifersucht

Das Gefühl der Eifersucht geht vermutlich auf unsere früheste Kindheit zurück. Ein Kind fordert und benötigt ein hohes Maß an Aufmerksamkeit von seiner Bezugsperson, zumeist der Mutter, damit es sich seelisch und körperlich gut entwickeln kann. Jedes Abwenden der Mutter zu jemand anderen bedeutet für das Kind eine Verringerung der Zuwendung und damit eine unangenehme Erfahrung und seelische Kränkung. Das Kind reagiert auf diesen scheinbaren Liebesentzug mit Unsicherheit und Angst und wird deshalb mit allen ihm zur Verfügung stehenden Mitteln versuchen, die Zuwendung der Mutter wieder für sich zurückzugewinnen. Erst wenn das Kind im Zuge seiner weiteren Entwickelung die wichtige Erfahrung macht, dass es auch dann von seiner Mutter geliebt wird, wenn diese nicht immer anwesend ist, wird es seine Verlustängste verlieren. Macht das Kind diese positive Erfahrung jedoch nicht, entwickelt es Verlustängste wie starke Eifersucht.

Die krankhafte Eifersucht

Problematisch wird die Eifersucht dann, wenn sie das durchschnittliche Maß überschreitet. Auch wenn die Übergänge fließend sind, kann man in bestimmten Fällen von krankhafter Eifersucht sprechen. Eine Ehefrau, die Kontrollanrufe im Büro macht und die Taschen ihres Mannes nach kompromittierenden Notizen durchstöbert, gehört ebenso hierher wie der Mann, der seine Frau oder Freundin am Abend nicht fortgehen lässt und jedes Gespräch mit einem anderen Mann als versuchten Flirt auslegt. Der Volksmund umschreibt derartig krankhaftes Verhalten nicht umsonst als »Leidenschaft, die mit Eifer sucht, was Leiden schafft«.

Krankhafte Eifersucht ist meist ein Zeichen von *Abhängigkeit* oder *Besitzanspruch*. Während bei einem Kind Abhängigkeit von den Eltern naturgemäß gegeben ist, ist sie beim erwachsenen Menschen ein ernstes Problem, weil sie eine Beziehung extrem belastet oder sogar unmöglich macht. Die Formen reichen von einer teilweisen Abhängigkeit der Gefühlsbeziehungen bis hin zur totalen Abhängigkeit. Alle Aufmerksamkeit richtet sich dann auf den anderen, eigene Wünsche, Antriebe und Pläne werden bedeutungslos. Jede nicht mit dem geliebten Menschen verbrachte Minute wird sinnlos, alles geschieht nur in Hinblick auf ihn oder sie. Ein Mensch, der in einer derartigen Abhängigkeitsbeziehung gefangen ist, glaubt, nicht mehr ohne den anderen leben zu können. Er tut deshalb alles, um die Beziehung aufrechtzuerhalten, selbst wenn er sich erniedrigt und gequält fühlt. Dementsprechend stark sind in solchen Fällen die Eifersucht und die unbewusste Wut, die durch die Abhängigkeit entsteht.

Besitzansprüche sind ebenfalls ein Teil der menschlichen Natur, aber auch dabei kommt es auf das Ausmaß an. In einer Liebesbeziehung führen sehr massive Besitzansprüche dazu, dass jede Eigenständigkeit und jede Weiterentwicklung des geliebten Wesens unterdrückt wird. Häufig sind Besitzansprüche gegenüber dem Partner vor allem Ausdruck der eigenen Unsicherheit. Sobald sich der Partner ein wenig entfernt, wird die Angst vor der eigenen Unzulänglichkeit übermächtig (»Ich bin nicht schön, tüchtig, bewundernswert, reich oder erfolgreich genug«). Jede Loslösung oder Eigenständigkeit kann daher unter keinen Umständen zugelassen werden, und der Gekränkte reagiert mit starker Eifersucht. Großen Schaden kann besitzergreifende Liebe auch dann anrichten, wenn Eltern jede Eigenständigkeit ihres Kindes als Undankbarkeit und Ungehorsam auslegen. Die Folge einer solchen Haltung können schwere seelische Störungen und eine extreme Unselbstständigkeit des Kindes sein.

Die amerikanische Psychologin Nancy Friday[8] hat darauf hingewiesen, dass Eifersucht auch eine Form des *Neides* sein kann: Sie entsteht aus einem Gefühl der Unzulänglichkeit heraus, man ist neidisch auf die echten oder vermeintlichen Vorzüge des Nebenbuhlers oder der Nebenbuhlerin. Diese Form der Eifersucht findet man oft unter Kollegen. Die Autorin plädiert dafür, Eifersucht als Bestandteil der menschlichen Psyche und als starke Triebfeder menschlichen Verhaltens zu akzeptieren und zu lernen, besser damit umzugehen.

Starke Eifersucht entsteht auch, wenn in der Beziehung des Erwachsenen die Beziehung zu den Eltern wiederholt wird. War ein Mensch als Kind oder als Jugendlicher von seinen Eltern extrem abhängig, neigt er später dazu, auch in seinem Partner eine übermächtige Figur zu sehen, von der sein Wohl und Weh abhängt. Wenn sich etwa die Liebe der Mutter vor allem in Form ständiger Kontrolle geäußert hat, wird er andere Formen der Zuwendung gar nicht richtig wahrnehmen. Er hat in seiner Kindheit gelernt, diese ständige Kontrolle als Zuneigung und Liebe zu missdeuten und wird sich unbewusst Partner aussuchen, die die Tendenz haben, ihn ebenso zu kontrollieren. Auch in einem solchen Fall entsteht letztlich als Folge der extremen Abhängigkeit meist sehr stark ausgeprägte Eifersucht.

Wie man mit Eifersucht umgehen lernt

Nicht nur Menschen, die von der Eifersucht ihres Partners geplagt werden, sind Leidtragende der Eifersucht.

Auch die Eifersüchtigen selbst werden von ihren Gefühlen gequält.

Hoffnung auf eine Veränderung der Situation besteht nur dann, wenn ein Eifersüchtiger bereit ist, seine Gefühle und sein eigenes Verhalten zu überprüfen. Wichtig ist daher zunächst, sich die eigene Haltung gegenüber dem Partner klarzumachen.

TEST

Verhalten Sie sich eifersüchtig?

Prüfen Sie, ob Sie Ihren Partner als eigenständigen Menschen oder als Ihren »Besitz« erleben.

1. Neige ich dazu, meinen Partner als ungeschickt, unerfahren oder hilflos zu behandeln und versuche ich, ihm sämtliche Entscheidungen abzunehmen?
2. Gestehe ich meinem Partner einen eigenen Bewegungsspielraum zu?
3. Inwieweit nehme ich die Wünsche und Pläne meines Partners ernst?
4. Inwieweit unterstütze ich die Ideen meines Partners und helfe ihm bei der Umsetzung?
5. Bestimme ich oder mein Partner üblicherweise den Tagesablauf, das Urlaubsprogramm oder die anderen Freizeitaktivitäten?

6. Betrachte ich meinen Partner als eigenständige Person,
oder soll er lediglich eine bestimmte Funktion in meinem
Leben erfüllen?

Erlebt man seinen Partner eher als unselbstständig, kann
der Eifersucht oft ein Gefühl der eigenen Unzulänglichkeit
zugrunde liegen. Man analysiere daher die Situationen, in
denen die Eifersucht besonders stark auftritt. Unumgäng-
lich ist es jedenfalls, ein offenes Gespräch mit dem Partner
zu führen und mit ihm über seine Ängste und Befürchtungen zu sprechen.

Viele Paare scheuen sich besonders in der ersten Phase der
Verliebtheit, über Treue, Eifersucht oder andere kritische As-
pekte der Partnerschaft zu sprechen, weil sie das als unroman-
tisch empfinden. Auch später sprechen sie nicht mehr über
diese Dinge, weil sie befürchten, der Partner könnte das als
Zeichen nachlassender Liebe werten. Dabei ist es wichtig, von
Anfang an die Einstellung des Partners zu diesen Themen
kennen zu lernen. Ein offenes Gespräch über die eigenen Gefühle und Ansichten kann viel dazu beitragen, Vertrauen zu
schaffen und spätere Enttäuschung zu vermeiden.

Es ist deshalb auch durchaus sinnvoll, in einer Partnerbe-
ziehung klare Vereinbarungen zu treffen. Etwa: »Wir wollen
uns sexuell zwar treu sein, aber wenn dem anderen in einer bestimmten Situation einmal ein Seitensprung ›passiert‹,
geht die Welt nicht unter.« Oder: »Wenn es einmal passiert,
will ich es unbedingt wissen« oder »nicht wissen«. Oder: »Ich

könnte es nicht tolerieren, wenn du nebenbei ein Verhältnis hättest.« Jedem Menschen sind unterschiedliche Treuebeweise wichtig. Was den einen zur Raserei treiben kann, ist für den anderen vielleicht weniger wichtig und umgekehrt. Derartige Gespräche und Vereinbarungen machen den Verliebten klar, welche Art der Beziehung der andere möchte und ob ihre Vorstellungen überhaupt miteinander vereinbar sind. Die Zeiten, da gesellschaftliche Normen das Wesen einer Ehe oder Beziehung bestimmten, sind vorbei.

Entsteht die Eifersucht aus extremer Abhängigkeit vom anderen, ist es angebracht, seine Aufmerksamkeit wieder mehr auf sich selbst zu lenken. Man sollte etwa versuchen, mit Freunden ausgehen, sich an Dinge zu erinnern, die man früher auch allein gerne unternommen hat oder sich einen neuen Tätigkeitsbereich suchen, der Spaß macht und neue Kontakte ermöglicht. Schafft man es nicht allein, kann eine Psychotherapie helfen.

Als Faustregel gilt: Je mehr Freiraum man seinem Partner lässt, desto mehr genießt er die Nähe zum anderen. Das nötige Vertrauen entsteht nicht durch Anklammern oder Kontrolle, sondern durch offene Gespräche und gemeinsame Aktivitäten auf Basis eines gesunden Vertrauens zu sich selbst und zum anderen.

Aggression

Täglich werden wir mit den negativen Auswirkungen der Aggression konfrontiert: von kriegerischen Konflikten und Gewaltverbrechen bis zur Eskalation von Gewalt in ursprünglich friedlichen Situationen wie Sportveranstaltungen oder Demonstrationen. Im privaten Bereich äußert sich Aggression im schlimmsten Fall als Gewalt gegen den Partner (jede fünfte Frau wurde laut einer EU-Studie schon einmal Opfer häuslicher Gewalt) oder gegen Kinder. Auch Schadenfreude am Unglück anderer, Herumschreien und Fluchen, hinterhältige Rache oder besinnungsloser Jähzorn, in dem alles kurz und klein geschlagen wird, sind Ausdruck von Aggression.

Die positiven Seiten der Aggression

Das Wort *Aggression* kommt vom lateinischen *aggredere* – herangehen – und bedeutet zielstrebiges Herantreten an Dinge oder an Personen. Biologisch dient die Aggression der Selbst- und der Arterhaltung und ist für das Überleben notwendig. So finden wir aggressives Verhalten bei Tieren, wenn sie ihre Jungen, ihr Territorium und ihr Nest oder ihre Nahrung gegen Eindringlinge verteidigen.

Ein bestimmter Grad an Aggression ist auch beim Menschen immer vorhanden. Sie ist notwendig, um sich in der Welt durchzusetzen, und wir setzen sie ein, damit wir unseren persönlichen Weg gehen können. In diesem Sinn ist Aggression ein wichtiger Teil des menschlichen Verhaltens. Wenn wir über kein ausreichendes Maß an Aggression verfügen, können wir Widerstände nicht überwinden, Aufgaben nicht bewältigen und keine Wettkämpfe bestreiten. Aggression im guten Sinne ist daher im Wesentlichen die Bereitschaft, Probleme anzupacken und an eine Sache heranzugehen.

Diese Art von Aggression will den anderen nicht verletzen. Sie dient vor allem dem kraftvollen Sichbehaupten in einer Gruppe, im Berufsalltag oder gegenüber den Forderungen anderer. Sie ist daher Teil jeder menschlichen Beziehung, auch der Liebe und der Freundschaft. Zum Problem wird Aggression erst dann, wenn sie in feindseliger Form die Schädigung eines anderen beabsichtigt. Von dieser problematischen Aggression soll in der Folge die Rede sein.

Die problematischen Seiten der Aggression

Die Psychologen sind sich bis heute noch nicht einig darüber, welche Mechanismen für das Zustandekommen und den Ausbruch von übertriebenen Aggressionen letztlich maßgeblich sind. Die Aggressionsforschung hat mittlerweile an die vierzig Theorien um diese Emotion entwickelt, die vermutlich zu den am häufigsten untersuchten psychologischen Phänomenen gehört.[9]

Ging man früher davon aus, dass Aggression eine Art Trieb sei, der eben abreagiert werden müsse, sieht man das Phänomen heute weitaus vielschichtiger. Ein zur Zeit von den meisten Forschern akzeptiertes Modell erklärt Aggression als Geschehen, bei dem soziale und kulturelle Einflüsse, frühkindliche Situationen, gegenwärtige Frustrationen und biologisch vorgegebene Reaktionsmuster eine Rolle spielen. Menschliche Aggression ist demnach seltener ein von einem Trieb ausgelöstes Geschehen als vielmehr die Antwort auf vermeintliche oder tatsächliche Kränkungen des Selbstwertgefühles eines Menschen oder einer Gruppe.

Das Beispiel einer Wirtshausrauferei kann das beschriebene Modell veranschaulichen: Ein Gast provoziert einen anderen, indem er ihn beleidigt. Der schimpft zurück, bis einer der beiden dann als Erster zuschlägt. Je aggressiver die vorherrschende Grundstimmung zu diesem Zeitpunkt war, umso gewalttätiger und brutaler wird die Schlägerei werden. Folgende Faktoren spielen eine entscheidende Rolle beim Entstehen und beim Verlauf der beschriebenen aggressiven Auseinandersetzung:

Die *sozialen und kulturellen Einflüsse:* Wie wird Aggression in der Umgebung der beiden bewertet? Gilt es als Zeichen von »Männlichkeit«, sofort mit körperlicher Gewalt zu reagieren? Wird Gewalt als gute Möglichkeit zur Lösung von Problemen gesehen, weil es so etwa in Filmen, im Fernsehen und in den Zeitungen häufig dargestellt wird? Wird Gewalt täglich erlebt (Straßengangs, zerrüttete Familie, unterprivilegierte soziale Gruppen, soziale Missstände)?

Die *frühkindlichen Situationen:* Wenn die Betreffenden bereits als Kinder Gewalt, etwa durch die Eltern, erlebt haben, sind sie umso eher bereit, im Falle einer Provokation mit Gewalt zu antworten. Sie lernen bereits in einem frühen Entwicklungsstadium, eine erlittene Aggression grundsätzlich mit Gegenaggression zu beantworten. Die als Kind erlittenen Demütigungen haben auch meist zur Folge, dass das Selbstwertgefühl der Betroffenen gering ist, sie also leicht zu provozieren sind.

Die gegenwärtigen *Frustrationen:* Ist einer der beiden im Moment besonders aggressiv, weil ihn etwa seine Freundin verlassen hat, weil er seinen Arbeitsplatz verloren hat oder weil er Ärger mit seinem Chef hatte, ist er wahrscheinlich schneller bereit, sich vom anderen provozieren zu lassen. Frustration entsteht immer dann, wenn ein Wunsch oder ein Bedürfnis nicht befriedigt werden kann.

Die *biologisch vorgegebenen Reaktionsmuster:* Im Fall der Wirtshausrauferei sind derartige Reaktionsmuster vermutlich nicht leicht zu erkennen. Anschaulicher sind solche Reaktionsmuster beispielsweise bei einer Mutter, die sich aggressiv verhält, um ihr Kind zu verteidigen.

Schließlich kann auch *Alkoholkonsum* die Bereitschaft zur Aggressivität steigern, weil er enthemmend wirkt. Dasselbe gilt auch für bestimmte aufputschende Medikamente und Drogen wie Amphetamine oder Kokain. Darüber hinaus kann der Entzug jeder suchterzeugenden Droge wie etwa von Alkohol zu unkontrollierbarer Aggression führen.

Die nach innen gerichtete Aggression

Allerdings kann Aggression auch weniger offensichtliche Formen annehmen. Wie wir in einem vorangegangenen Kapitel erfahren haben, kann beispielsweise bei einer schweren Depression die vorhandene Aggression auch gegen die eigene Person gerichtet sein. Vor allem als Folge von Kränkungen und Enttäuschungen kann sich im Verlaufe einer depressiven Erkrankung ein starkes Aggressionspotenzial entwickeln. Diese Aggressionen sind zwar zunächst nach außen gerichtet, können aber infolge der depressiven Hemmung nicht ausagiert werden und richten sich schließlich gegen die eigene Person. Diese Selbstaggression, die sich als Wunsch nach Selbstvernichtung und Selbstzerstörung äußert, kann unter Umständen bis zum Selbstmord führen.

Andere Formen der gegen die eigene Person gerichteten Aggression sind schließlich alle Aktivitäten, bei denen der eigene Körper oder die Seele Schaden nehmen, wie beispielsweise der Alkoholismus oder die Drogen- und Medikamentenabhängigkeit.

Ursachen der Aggression und was man dagegen tun kann

Ließe sich diese Frage eindeutig beantworten, so hätte man mit der Antwort die Lösung für eines der größten Probleme der Menschheit gefunden. Doch bislang gibt es nur einige wenige Ansätze, die es ermöglichen, die einzelnen Faktoren zu beeinflussen, die für das Zustandekommen der verschiedenen Formen von Aggressionen maßgebend sind. Erwiesen ist, dass Aggression ihre Gefahr erst dann verliert, wenn es gelingt, zerstörerische aggressive Kräfte in positive aufbauende Aggression umzuwandeln.

Im zwischenmenschlichen Bereich zählen vor allem Mangel an Selbstvertrauen, Kontakt- und Kommunikationsunfähigkeit, Frustration, Überforderung, körperliches Missempfinden und eine falsche innere Einstellung gegenüber Aggression zu den Faktoren, die aggressives Verhalten fördern.

Ein *Mangel an Selbstvertrauen* bewirkt, das der zu aggressivem Verhalten neigende Mensch einerseits leichter verletzlich und provozierbar ist, anderseits aber nicht glaubt, seine Ansprüche und Bedürfnisse gegenüber dem anderen auf friedliche Art durchsetzen zu können. Meist entsteht zusätzlich auch Angst, die die Aggression weiter fördert. Eine länger dauernde Psychotherapie, die beim selbstunsicheren Verhalten ansetzt und versucht, seine Ursachen aufzudecken, hat hier gute Aussichten auf Erfolg.

Sehr häufig finden sich destruktive Aggressionen bei Menschen, die unter *Kontakt- und Kommunikationsunfähigkeit* leiden. Diese Menschen sind nicht zu einem offenen Gespräch fähig und sind deshalb auch nicht in der Lage, auszudrücken, was sie eigentlich stört. Erst wenn sie lernen, ihren Ärger angemessen auszudrücken und ihre Gefühle und Bedürfnisse dem anderen mitzuteilen, haben sie eine echte Chance, ihre Aggressionen unter Kontrolle zu bringen. Erlernen sie diese Fähigkeit nicht, wird die Wut in ihnen so lange anwachsen, bis sie unvermittelt in aggressivem Verhalten zum Ausbruch kommt. Voraussetzung für ein offenes Gespräch ist allerdings immer auch die Bereitschaft und Fähigkeit des anderen Gesprächpartners, die geäußerten Gefühle, Bedürfnisse oder Wünsche zu verstehen.

Sind die Partner nicht in der Lage, ihre Bedürfnisse gegenüber dem anderen klar auszudrücken, kann es ihnen ergehen wie dem Paar im folgenden Beispiel:

Ein Mann und eine Frau sitzen seit längerer Zeit endlich wieder einmal gemütlich zu Hause. Da fällt der Frau ein, dass ihr Mann gerne ins Kino geht. Sie schlägt also einen Film vor, um ihm eine Freude zu machen. Der Mann hat zwar keine rechte Lust, lieber würde er den Abend mit seiner Frau verbringen. Aber weil er sie nicht enttäuschen will, stimmt er zu. Schließlich sitzen sie im Kino, obwohl beide lieber zu Hause geblieben wären und sind frustriert und verärgert, weil sie dem anderen zuliebe einen ruhigen Abend geopfert haben.

Dieses Beispiel zeigt, wie wichtig es ist, Bedürfnisse und Wünsche klar und eindeutig auszudrücken, um Frustration und die daraus entstehende Aggression zu vermeiden. Kommen nämlich derartige Missverständnisse öfter vor, steigt nicht nur das Maß an Frustration in der Beziehung, sondern auch die Bereitschaft zur Aggression.

Frustration entsteht dann, wenn Wünsche und Erwartungen wiederholt nicht erfüllt werden oder bestimmte Pläne nicht ausgeführt werden können. Ein Mann, der seiner Frau immer wieder einen Theaterbesuch verspricht und sein Versprechen nicht einlöst, kann verhältnismäßig sicher sein, dass sich die Enttäuschung seiner Frau eines Tages als Wut und aggressives Verhalten bemerkbar machen wird. Das Gleiche gilt natürlich auch für Kinder. Eltern sollten deshalb nicht versuchen, ihre Kinder mit leeren Versprechen ruhigzustellen.

Obwohl Frustration meist zu starker Aggression führt, gibt es natürlich auch eine Reihe anderer Möglichkeiten, auf eine Versagung zu antworten. Eine Möglichkeit auf eine Frustration zu reagieren wäre beispielsweise die *Kompensation*. So kann etwa ein unerfüllter Kinderwunsch einer Frau durch eine Tätigkeit in einem Kindergarten kompensiert werden. Eine andere Möglichkeit mit Frustrationen umzugehen sind *Ersatzhandlungen*. Weil man im Augenblick keinen Sexpartner hat, befriedigt man sich selbst. Oder man beginnt, als Ersatz für frustriertes Kontakt- und Anlehnungsbedürfnis übermäßig zu essen und Kummerspeck anzulegen. Schließlich gibt es noch die so genannte *Saure-Trauben-Reaktion*. Bei einem nicht erreichten Ziel suggeriert man sich und den anderen, dass man es ohnehin nicht erreichen wollte – die Trauben waren zu sauer.

Menschen, die sich leicht entmutigen lassen und daher auch leicht zu Frustrationen und Aggressionen neigen, haben normalerweise eine verringerte *Frustrationstoleranz*. Darunter versteht man das Maß an Frustration, das ein Mensch ohne Aggressionsausbrüche ertragen kann. Menschen mit geringer Frustrationstoleranz reagieren oft schon beim geringsten Anlass mit cholerischer Wut, brüllen und fluchen beim Autofahren oder verhalten sich gegen Kinder aggressiv, nur weil sie etwa zu laut sind. Solchen Menschen kann mit einer Psychotherapie rasch geholfen werden, besser mit ihren Frustrationen umzugehen und die Dinge leichter zu nehmen.

Überforderung und Leistungsdruck, also alles, was gemeinhin als *Stress* bezeichnet wird, sind häufig ebenso Auslöser für Aggressionen, da sie die Frustrationstoleranz eines Menschen extrem herabsetzen. Ein Beispiel dafür wäre ein ständig überarbeiteter Vater, dem jedes laute Wort seiner Kinder auf die Nerven geht und der darauf mit Aggression reagiert. Oft kann eine kleine Änderung des Tagesplanes genügen, um den Druck zu vermindern, etwa ein kurzer Spaziergang vor dem Nachhausekommen. Häufig ist es aber auch notwendig, dass der Betreffende seine Einstellungen gegenüber seiner Arbeit neu überprüft. Arbeitet er beispielsweise mit dem Bewusstsein, von allen ausgenützt zu werden und sich für seine Familie aufzuopfern, wird diese Haltung den auf ihn lastenden Druck noch bedeutend steigern. Arbeitet er hingegen aus Freude an seinem Job, wird er seine Arbeit als Entlastung erleben. Chronische Überforderung kann darüber hinaus auch, wie schon erwähnt, zu psychosomatischen Beschwerden wie Herzkrankheiten oder Magengeschwüren führen.

Unangenehme körperliche Empfindungen wie Schmerz, Müdigkeit und konstante Anspannung, wie sie zum Beispiel nach einem vor einem Computer verbrachten Arbeitstag oder nach einer konzentrierten Autofahrt auftreten, steigern ebenfalls die Aggressionsbereitschaft.

Studien haben gezeigt, dass sportliche Betätigung nicht zu einer Mehrbelastung des Körpers führt, sondern ganz im Gegenteil viel zum Abbau von Aggressionen und zum seelischen Ausgleich beiträgt. Das gilt auch für Müdigkeit und Abgespanntheit nach einem langen Arbeitstag. Es ist klar, dass nicht jeder die Möglichkeit hat, sich nach der Arbeit im Tennisklub oder im Schwimmbad zu entspannen, aber schon ein kurzer Spaziergang kann Wunder wirken, wenn es darum geht, unangenehme körperliche Empfindungen loszuwerden.

Auch Hunger löst bei vielen Menschen plötzliche Aggressionen aus, die allerdings nach dem Essen ebenso plötzlich wieder verschwinden. Diese Reaktionen hängen mit dem Blutzuckerspiegel zusammen: Sinkt er zu stark ab, wird der Betreffende übellaunig. Oft genügt es schon, für den Notfall ein Stück Schokolade bei sich zu haben, um durch Hunger bedingte Aggression und daraus entstehende Streitigkeiten zu vermeiden.

Weit verbreitet sind schließlich eine ganze Reihe *falscher Einstellungen* gegenüber der Aggression, die zumeist als Ausreden gebraucht werden, um eigenes aggressives Verhalten zu rechtfertigen. Viele dieser Einstellungen werden bereits durch die Erziehung erworben, aber ebenso viele auch durch die Massenmedien vermittelt. Am häufigsten tauchen folgende Einstellungen auf.[10]

- Der *Vergleich* unterschiedlicher Formen von Aggression, wobei immer mit einer schlimmeren Form verglichen wird: Dabei wird die aggressive Feindseligkeit einer Person durch einen Vergleich mit einer anderen schrecklichen Tat verharmlost. Polizeigewalt wird oft auf diese Weise verharmlost. (»Wenn wir den vermutlichen Terroristen nicht erschossen hätten, hätte er vielleicht weit Schlimmeres angestellt.«)

- Die *Rechtfertigung* der Aggression mittels höherer Prinzipien: Die Tat wird mit einem edlen Ziel begründet. (»Eine gesunde Tracht Prügel hilft dem Kind, ein anständiger Mensch zu werden.«)

- Das *Weitergeben der Verantwortung:* Der Psychologe Stanley Milgram[11] konnte in einer Studie zeigen, dass man einen Menschen leicht dazu bringen kann, jemand anderem erhebliches Leid zuzufügen, vorausgesetzt, dass es eine legitimierte Autorität gibt, die die Verantwortung für die Aktion übernimmt. Bei der erwähnten Milgram-Studie waren überraschend viele Menschen ohne Zögern bereit, auf entsprechende Instruktionen hin vermeintlichen Testpersonen schwere elektrische Schocks zu verabreichen, obwohl sie deren laute Schreie hören konnten. Gelegentlich auftretende Skrupel konnten fast immer mit der Bemerkung »Stellen Sie keine Fragen, als wissenschaftlicher Leiter der Studie übernehme ich die volle Verantwortung, tun Sie daher, was ich anordne.« rasch ausgeräumt werden.

- Die *Entmenschlichung der Opfer:* In dem Versuch, das eigene aggressive Verhalten rational zu begründen, wertet der Aggressive seine Opfer als »Sozialschmarotzer«, »Huren«, »Terroristen«, »Degenerierte« und dergleichen ab. Das heißt, er sieht nicht den Menschen mit seinen positiven und negativen Eigenschaften, den er vor sich hat, sondern den anonymen Vertreter einer Gruppe, der unkritisch eine Reihe von negativen Eigenschaften zugeschrieben werden. Ein immer aktuelles Beispiel dafür ist der Ausländerhass: Die Aggression richtet sich nicht gegen eine bestimmte Person, sondern gegen eine anonyme Gruppe, vor der man aus irgendwelchen Gründen Angst hat.

- Den *Opfern selbst die Schuld* geben: Die Gewalttäter behaupten, dass sie eigentlich ruhig und beherrscht sind, aber von anderen gereizt werden, sich aggressiv und brutal zu verhalten. (»Sie hat mich provoziert, deshalb habe ich sie vergewaltigt.«)

Die meisten erlernten und erworbenen Einstellungen und inneren Haltungen, die für aggressives Verhalten verantwortlich sind, können leider nur sehr schwer verändert werden. Eine Verhaltensänderung, die zu höherer Frustrationstoleranz befähigt, ist nur möglich, wenn der Betreffende bereit ist, seine Einstellungen und seine erhöhte Aggressionsbereitschaft in einer länger dauernden Psychotherapie zu bearbeiten.

Der Umgang mit Ärger

Ärger, das muss betont werden, ist eine ganz natürliche menschliche Reaktion, so wie auch Freude, Liebe, Verzweiflung oder Trauer.

Dennoch wird Ärger von den meisten Menschen als ein »schlechtes« oder zumindest »ungutes« Gefühl betrachtet, und viele haben erhebliche Schwierigkeiten, mit dem eigenen Ärger oder mit dem anderer umzugehen. Das liegt wohl

daran, dass Ärger üblicherweise unkontrolliert und unangemessen ausgedrückt wird. Zwar ist es wichtig, seinen Ärger
nicht ständig zu unterdrücken, aber es ist genauso wichtig
zu lernen, seinen Ärger kontrolliert und angemessen auszudrücken. Wenn Ärger ständig unterdrückt wird, kann er sich
allmählich zu Wut steigern und als unkontrollierbare Aggression hervorbrechen. Viele Psychotherapeuten und Familien-
therapeuten haben die Erfahrung gemacht, dass Beziehungen oft an der Unfähigkeit der Partner scheitern, mit ihrem
eigenen Ärger und mit dem des anderen fertig zu werden.
Vermutlich gilt dies ebenso für alle anderen Arten zwischenmenschlicher Beziehungen.

Mit Ärger umzugehen, kann man lernen. Ärger muss
nicht destruktiv, das heißt zerstörerisch sein. Er kann auch
dazu beitragen, das Verhältnis zwischen Menschen zu klären. Um Ärger kontrolliert zulassen zu können, muss man
allerdings einen Weg finden, ihn in angemessener Form auszudrücken.

*Wenn eine Frau zu ihrem Mann sagen kann: »Bitte sei nicht immer
so unpünktlich, das ärgert mich, denn dann muss ich die Kinder immer allein zu Bett bringen«, so kann das schon ein erster Schritt zur
Bearbeitung eines Konfliktes sein. Ihr Mann kann jetzt entweder versprechen, nicht mehr zu spät zu kommen oder im Gegenzug anbieten,
seinerseits ab und zu die Kinder allein ins Bett zu bringen. Welche
Lösung sie mit ihrem Mann letztlich auch erarbeitet, wenn sie ihrem
Ärger nicht Ausdruck verleiht, kann er nicht wissen, dass sie etwas
stört. Sie frisst den Ärger dann so lange in sich hinein, bis sie nicht
mehr in der Lage ist, vernünftig darüber zu reden, sondern nur mehr
mit Aggression reagieren kann, sobald er das Haus betritt.*

Der wichtigste Schritt zum besseren Verstehen ist erst dann getan, wenn man gelernt hat, seinen Ärger nicht unkontrolliert und unangemessen an seinen Mitmenschen auszulassen. Hier kommt man ein gutes Stück weiter, wenn man zunächst darüber nachdenkt, woher der Ärger kommt. Unreflektierter und aufbrausender Ärger beeinträchtigt das logische Denken und kann dann destruktiv und verletzend sein. Es ist daher besser erst abzuwarten, bis man sich beruhigt hat. Erst dann kann man mit dem anderen in aller Ruhe über die Dinge sprechen, die einen stören und ärgern.

Wie wir in einem späteren Kapitel (siehe Seite 127) erfahren werden, ist es für das Zusammenleben wichtig, mit seinen Mitmenschen so reden zu können, dass eine echte, konfliktlösende Verständigung möglich wird. Die Art und Weise, wie wir mit unserem Ärger umgehen, wie wir Ärger zulassen und ausdrücken, ist dabei sehr wichtig.

Minderwertigkeitsgefühle und Selbstunsicherheit

Als Minderwertigkeitsgefühl bezeichnet man das Gefühl, weniger wert, weniger erfolgreich, weniger liebenswert oder weniger hübsch als andere zu sein. Jeder Mensch leidet mehr oder weniger an Minderwertigkeitsgefühlen. Doch jeder Mensch geht anders damit um. Für den einen ist es Ansporn, eine Situation doch noch zu meistern und so das Minderwertigkeitsgefühl zu überwinden. Gelingt dies jedoch nicht oder wird das Minderwertigkeitsgefühl verdrängt, gerät der Mensch in seiner persönlichen Entwicklung ins Stocken.

Die Individualpsychologie

Die Ausdrücke *Minderwertigkeitsgefühl* und *Minderwertig-keitskomplex* prägte der Wiener Psychologe und Psychiater Alfred Adler, der Begründer der Individualpsychologie. Adler ging davon aus, dass ein wesentlicher Bestandteil des Lebens die Auseinandersetzung mit anderen Menschen ist. Er untersuchte daher vor allem die Schwierigkeiten, die sich aus dem Verhältnis des Einzelnen zur Gemeinschaft ergeben können. Wenn ein Mensch zur Welt kommt, ist er zunächst einmal hilflos und auf die Hilfe und Pflege seiner Mutter angewiesen. Gerade diese Minderwertigkeitsgefühle lassen aber den Ehr-

---

geiz in ihm erwachen, diesen Zustand zu überwinden, also auch so groß, so intelligent und so tüchtig wie die Erwachsenen zu werden.

Probleme treten dann auf, wenn ein Kind aus Mangel an Geborgenheit, Sicherheit, Anerkennung und Zärtlichkeit kein gesundes Selbstwertgefühl entwickeln kann und entmutigt ist. Dann wird das Minderwertigkeitsgefühl, das das Kind antreibt, »besser« zu werden, so stark und übermächtig, dass es immer wieder ins Unbewusste verdrängt wird: Das Kind entwickelt einen **Minderwertigkeitskomplex.** Das bedeutet nicht unbedingt, dass es schüchtern und verklemmt werden muss. Unter Umständen versucht es, die verdrängten Minderwertigkeitsgefühle durch Macht- und Geltungsstreben zu kompensieren. Es wird sich weiterhin als minderwertig und von der Gesellschaft nicht anerkannt erleben und sich immer mehr auf sich selbst konzentrieren.

In dem Glauben, sich durch Macht- und Geltungsstreben behaupten zu können, wird das Verhältnis des Betroffenen zur Gemeinschaft zunehmend gespannter. Er wird dazu tendieren, sich schonungslos über andere hinwegzusetzen und seine eigenen Ziele rücksichtslos und auf Kosten anderer zu verfolgen. Auch Hochstapelei, angeberisches Geltungs- und Renommierbedürfnis oder die Neigung, andere durch Kritik fertig zu machen, entspringen mangelndem Selbstvertrauen und einem gestörten Selbstwertgefühl.

Minderwertigkeitskomplexe und was sich dagegen tun lässt

Ein Minderwertigkeitskomplex entwickelt sich dann, wenn ein Mensch unfähig ist, mit seinen Minderwertigkeitsgefühlen fertig zu werden und sie daher verdrängt. Allerdings gibt es Umstände, die das Entstehen eines Minderwertigkeitskomplexes begünstigen. Diese reichen von körperlichen Faktoren wie Hinken, Stottern oder sonstigen körperlichen Auffälligkeiten oder Krankheiten über bedrückende soziale oder wirtschaftliche Verhältnisse, einer lieblosen oder verzärtelnden Erziehung bis zu einer ungünstigen Familienposition, etwa als »Sündenbock«.

Menschen, die unter einem Minderwertigkeitskomplex leiden, werden von einem starken Gefühl der Unterlegenheit geplagt. Die Folge können Schüchternheit, häufige Verlegenheit oder übertriebene Bescheidenheit sein, aber auch das Gegenteil: Der Betreffende gibt sich arrogant und versucht, andere zu dominieren – Ausdruck eines gesteigerten Geltungsbedürfnisses und starken Verlangens nach Lob und Anerkennung. Kinder, die dauernd den Kasperl machen, um so Aufmerksamkeit zu erhalten, gehören ebenso hierher wie der leidende Kranke, der daher im Mittelpunkt steht, der ewige Querulant oder die sich durch besondere Selbstlosigkeit Aufopfernde. Durch solches Verhalten versuchen die Betroffenen, die erlebte Schwäche auszugleichen.

In schweren Fällen gehen mit einem Minderwertigkeitskomplex Abhängigkeit von einem Partner, Sprachhemmungen, *Soziophobie* (die Angst vor sozialen Begegnungen mit anderen Menschen und vor allem davor, von anderen bewertet zu werden) oder Depressionen einher.

In der Therapie muss der Therapeut seinen Patienten daher ermutigen, Schritt für Schritt jene Erfolgserlebnisse nachzuholen, die ihm in der Kindheit versagt blieben. In dem Grad, in dem ihm unbewusste Zusammenhänge bewusst werden und er auf Grund persönlicher Erfolgserlebnisse die Einstellung gegenüber sich selbst ändert, wird auch sein Verhältnis zu seinen Mitmenschen besser werden. Durch den entspannteren Umgang mit ihnen wird er dann die Anerkennung erfahren, die er so lange vermisst hat.

Selbstunsicherheit

Selbstunsicherheit tritt oft als Resultat von Minderwertigkeitsgefühlen auf, die nicht ins Unbewusste verdrängt, aber auch nicht angemessen verarbeitet werden können. Selbstunsicheren Menschen gelingt es meist nicht, im Kontakt mit anderen sicher und frei zu reagieren. Jeder kennt die Symptome: Die selbstunsichere Person hat Angst, von anderen nicht akzeptiert zu werden und versucht, es allen recht zu machen. Sie kann sich schlecht durchsetzen und wird deshalb meist auch nicht ernst genommen, was wiederum ihre Selbstunsicherheit verstärkt. Es fällt ihr schwer, zu ihrer eigenen Meinung zu stehen, das Wort »Ich« vermeidet sie lieber, um nicht gegen irgendwelche Anstandsregeln zu verstoßen. Häufig entschuldigt sie sich für Dinge, die niemanden wirklich stören. Sie spricht eher leise, oft undeutlich und vermeidet möglicherweise sogar den Blickkontakt. Oft fängt sie Sätze mit Floskeln an wie »Das klingt jetzt vielleicht dumm, aber …«

Auch das Berufsleben kann dem Selbstunsicheren zur Hölle werden. Er lässt sich von seinen Kollegen herumschubsen; weil er nicht oder nur schlecht nein sagen kann, übernimmt er auch Arbeiten, die er eigentlich gar nicht machen wollte. Da der Selbstunsichere sehr sensibel für Kritik ist, wird er leicht manipuliert und ausgenützt. Geht einmal etwas schief, sucht er die Schuld vor allen bei sich selbst. Seine Wut und Enttäuschung darüber wird er – wie all seine anderen Gefühle – nicht ausdrücken.

Selbstunsichere Menschen sind oft empfindsam und schüchtern. Der Umgang mit anderen fällt ihnen schwer und Beziehungen erleben sie als Last. Unsicheres Verhalten geht häufig Hand in Hand mit Depressionen, Phobien, Ängsten oder sexuellen Störungen.

Zusammenfassend lassen sich die Ursachen der Selbstunsicherheit auf vier »Schwächen« zurückführen:

- Die Unfähigkeit, jede Art von Gefühlen – seien es angenehme oder unangenehme – offen, direkt und ehrlich auszudrücken.
- Die Unfähigkeit, eigene Ansprüche zu stellen und sie auch zu verwirklichen, ohne die Rechte anderer zu behindern.
- Die Unfähigkeit, seine eigenen Anliegen zu vertreten, ohne unangemessene Ängste zu entwickeln.
- Die Unfähigkeit zu entscheiden, welche Art von Verhalten in einer bestimmten Situation angemessen ist.

Hilfe durch Selbstbehauptungstraining

Wie die vier oben angeführten Punkte zeigen, ist Selbstunsicherheit ein Problem, das sich in Beziehung zu anderen äußert. Selbstbehauptungstraining hilft all jenen Menschen, denen zwischenmenschliche Beziehungen Angst machen und die sich daher nicht trauen, das zu sagen oder zu tun, was vernünftig oder gerechtfertigt ist. Die Verhaltenstherapie[12] konzentriert sich daher in diesen Fällen besonders auf die Reduktion der Angst. Verschiedene Therapeuten haben auch darauf hingewiesen, dass manche Patienten einfach nicht wissen, welches Verhalten in bestimmten Situationen angebracht ist. In der Fachsprache heißt das, es mangelt ihnen an *sozialer Kompetenz.* Unter Umständen wurde ihnen die Fähigkeit zur Selbstbehauptung bereits in der Kindheit abgewöhnt. Das ist beispielsweise der Fall, wenn die Erziehung die sozialen Pflichten überbetont und dem Kind damit das Gefühl vermittelt wird, die Rechte der anderen seien wichtiger als seine eigenen.

Im Selbstbehauptungstraining lernt der Selbstunsichere in kleinen Schritten, sich gegenüber anderen selbstsicherer zu verhalten und sich durchzusetzen. Ein Beispiel:

Ein Student fällt bei Prüfungen immer durch, obwohl er recht intelligent ist und viel gelernt hat. Er hat große Schwierigkeiten, Freundschaften zu knüpfen. Die größten Schwierigkeiten hat er mit seiner Stiefmutter, einer sarkastischen und dominanten Frau. Wenn er nach Hause kommt, empfängt sie ihn mit Vorwürfen, etwa: »Warum kannst du deine Prüfungen nicht so gut bestehen wie dein Nachbar?«

Der Student versucht in dieser Situation, sich mit sachlichen Argumenten zu verteidigen, oder er zieht sich beleidigt auf sein Zimmer zurück. Auch ein gelegentlicher Wutanfall ändert nichts an seinem Gefühl der Hilflosigkeit gegenüber der Stiefmutter. Seine Wut darüber, dass er zu Unrecht angegriffen wird, kann er nicht ausdrücken.

Ein speziell auf den Umgang mit der Stiefmutter ausgerichtetes Selbstbehauptungstraining wirkt sich schließlich entscheidend auf alle seine zwischenmenschlichen Einstellungen und sein Verhalten aus: Er lernt, seine Gefühle und seinen Ärger nicht ständig wegzuste-

*cken, sondern in angemessener Weise auszudrücken. Wenn ihm sei-
ne Schwiegermutter die guten Noten des Nachbarn vorhält, kann er
jetzt antworten: »Das sagt du ja nur, weil du neidig auf seine Mutter bist!« Oder: »Was ist eigentlich der wahre Grund, dass du immer
davon anfängst?« Binnen acht Wochen bringt er so die Beziehung
zur Stiefmutter unter Kontrolle.*

Ein wichtiger Aspekt des Selbstbehauptungstrainings ist
auch das Nein-sagen-Lernen, das Sich-abgrenzen-Können.
Selbstunsichere Menschen lassen sich oft Aufgaben aufbür-
den oder zu Handlungen überreden, die sie gar nicht möchten – aus Angst, jemanden zu enttäuschen, für egoistisch oder
nicht liebenswert gehalten zu werden. Solche Menschen machen dann Überstunden für Kollegen, obwohl sie schon etwas anderes geplant hatten, oder helfen Freunden, obwohl
sie selbst deren Hilfe benötigen würden. Und insbesondere
Frauen trauen sich aus Unsicherheit in manchen Fällen nicht
nein zu Sex zu sagen, obwohl sie lieber keinen sexuellen Kontakt hätten. All diesen Menschen kann Selbstbehauptungstraining helfen, besser zu ihren eigenen Bedürfnissen und
Wünschen zu stehen.

Sexuelle Probleme

Sexuelle Probleme können viele Ursachen haben. Neben Stress, Überarbeitung und Müdigkeit können auch bestimmte Erkrankungen, hormonelle Störungen, Alkohol, Drogen oder verschiedene Medikamente das Sexleben beeinträchtigen. Bei Frauen kann die Einnahme der »Pille« zu Libidoverlust führen. Vielen Störungen liegen allerdings auch seelische Probleme zugrunde. Sexueller Leistungsdruck, Versagensangst, überzogene Erwartungen, Selbstunsicherheit, Schamgefühl oder auch Angst vor einer Schwangerschaft können hinter Ejakulations-, Erektions- und Orgasmusstörungen, Frigidität und Vaginismus (eine schmerzhafte Verkrampfung der Scheidenmuskulatur) stecken. Oft sind Probleme in der Beziehung oder der Ehe der Auslöser. Und in manchen Fällen gründen sich die Probleme auch bloß auf mangelnde Information.

Voraussetzungen für guten Sex

Viele Menschen neigen zu der Ansicht, dass toller Sex sich spontan von selbst ergibt. Das passiert auch bisweilen – aber vielleicht nicht so oft, wie wir uns das wünschen. Allerdings muss eine ganze Menge passen, damit zwei Menschen guten Sex haben. Es lohnt sich also, die verantwortlichen Faktoren einmal näher anzusehen und zu erkennen: Guter Sex muss nicht vom Zufall abhängig sein.

- Über die eigene Sexualität Bescheid wissen: Vor allem junge Menschen wissen nicht von Anfang an, was ihnen eigentlich Spaß macht, was sie anregt und wie Sex für sie besonders befriedigend wird. In den Medien wird Sex oft sehr überhöht dargestellt. Versuchen Sie nicht, sich daran zu orientieren, sondern finden Sie heraus, was für Sie persönlich gut ist. Es gibt für guten Sex keine Normen – außer dass sich beide Partner dabei und auch danach noch wohl fühlen müssen. Wer über seine eigenen Vorlieben und Abneigungen nicht Bescheid weiß, kann diese dem Partner auch nicht vermitteln.

- Über den eigenen Körper Bescheid wissen: Bei vielen Frauen hängt das sexuelle Empfinden mit ihrem hormonellen Zyklus zusammen. Beide Partner sollten darüber hinaus mit den Grundlagen der Empfängnisverhütung und des *Safer Sex* vertraut sein.

Die richtigen Rahmenbedingungen: Jeder Mensch fühlt sich unter anderen Umständen wohl, sicher und angeregt. Manche Menschen brauchen für Sex mehr Nähe, manche weniger. Manche kommen schneller, manche langsamer zur Sache. Manche mögen Sex zur Entspannung, manche haben keine Lust, wenn sie einen Tag lang unter Druck gestanden haben. Für manche ist Sex ein Mittel zur Versöhnung, manche brauchen nach einem Streit erst einmal Ruhe. Und spätestens, wenn Sie eine Familie haben, wissen Sie: Kinder, die plötzlich im Schlafzimmer stehen, können das Sexleben ganz schön beeinträchtigen. Werden Sie sich darüber klar, welche Ihre bevorzugten Rahmenbedingungen sind. Wenn Sie sich in einer Situation nicht wohl fühlen, ist es kein Wunder, wenn es mit der Lust nicht klappt.

- Über Sex reden können: Dafür müssen Sie einerseits – siehe oben – Ihre Bedürfnisse kennen, anderseits auch so viel Vertrauen zum Partner haben, dass Sie offen aussprechen können, was Ihnen wichtig ist. Mit dem Partner reden können bedeutet aber auch: zuhören können und schließlich gemeinsame Lösungen finden.

- Sich auf angenehme Empfindungen konzentrieren können – egal, ob diese Empfindungen durch den Partner oder durch Sexualphantasien entstehen. Überlegungen wie: »Ich bin zu dick, ich muss den Bauch einziehen« oder »Was mache ich bloß, wenn ich jetzt meine Erektion verliere?« lenken ab und ersticken angenehme Gefühle im Keim.

- Eine angstfreie Atmosphäre: Angst erzeugt Spannung und ist daher ein Gegenspieler sexueller Entspannung. Vor allem Fragen der Empfängnisverhütung und des *Safer Sex* sollten vorab geklärt werden. Wenn man während des Liebesspiels überlegen muss, ob man am Morgen die Pille genommen hat oder wo das Kondom liegt, kann das die Atmosphäre rasch zerstören.

- Ein unbelastetes Verhältnis zueinander: Wenn Ihre Partnerschaft von Streitereien, Misstrauen, Gleichgültigkeit oder anderen Problemen belastet ist, werden sich diese Probleme auch beim Sex widerspiegeln. Sehr oft werden sexuelle Störungen von Beziehungsproblemen ausgelöst.

- Beide Partner haben den Wunsch, einander zu befriedigen: Sucht einer der Partner nur rasche Befriedigung, ohne auf den anderen einzugehen, ist Frustration beim anderen vorprogrammiert.

Vergessen Sie vor allem nicht, dass Sex kein Leistungssport ist. Es geht nicht darum, irgendwelche Vorgaben zu erreichen. (»Wie oft bist du gekommen?« oder »War ich gut?«), sondern darum, dass Menschen miteinander Freude und Erotik erleben und sich dabei sicher, wohl und angeregt fühlen.

TEST

Wie gut ist Ihr Wissen um Sexualität?

Oft ist fehlende oder falsche Information Ursache für unbefriedigenden Sex. Das beginnt bei mangelhaftem Wissen um Empfängnisverhütung und der daraus resultierenden Angst vor ungewollter Schwangerschaft und reicht bis zu falschen Annahmen über »guten Sex«, die die Partner verunsichern oder unter Druck setzen. Prüfen Sie anhand der folgenden Fragen, wie es um Ihr Wissen über Sexualität bestellt ist.

1. Wenn beide Partner nicht gleichzeitig den Orgasmus erreichen, haben sie etwas falsch gemacht.
   ○ ja   ○ nein

2. Die durchschnittliche Länge eines erigierten Penis liegt über 15 cm.
   ○ ja   ○ nein

3. Wenn eine Frau nur dann den Orgasmus erreichen kann, wenn sie oder ihr Partner ihre Klitoris stimuliert, stimmt etwas nicht mir ihr.
   ○ ja   ○ nein

4. Der durchschnittliche Geschlechtsakt (Koitus) dauert länger als 10 Minuten.
   ○ ja   ○ nein

5. Männer in intakten Beziehungen befriedigen sich nicht selbst.

   ○ ja ○ nein

6. Techniken, die einen vorzeitigen Samenerguss des Man nes verhindern können, sind in Wirklichkeit frustrierend.

   ○ ja ○ nein

7. Wenn der Partner einfühlsam ist, weiß er automatisch, was dem anderen gut tut. Reden zerstört die Atmosphäre.

   ○ ja ○ nein

8. Die Pille schützt auch vor bestimmten Krankheiten wie AIDS.

   ○ ja ○ nein

9. Ganz knapp nach der Regel kann eine Frau nicht schwanger werden.

   ○ ja ○ nein

Auflösung

Alle aufgestellten Behauptungen sind falsch.
Wenn Sie bei der einen oder anderen Frage nicht ganz sicher waren, schauen Sie doch in die nächste Buchhandlung. Es gibt eine Fülle ausgezeichneter Sachbücher[13], die Ihnen helfen, Ihr Wissen über Sex und damit Ihr Sexualleben entscheidend zu verbessern.

Sexualängste

Oft steckt hinter sexuellen Störungen Angst vor Sexualität, die auf eine ablehnende Einstellung der Familie und der Gesellschaft gegenüber der kindlichen Sexualität zurückgeführt werden kann. In solchen Fällen findet sich bei genauerer Untersuchung fast immer eine von Ablehnung und Abscheu geprägte Sexualerziehung. Wenn überstrenge oder verunsicherte Eltern jede Form der frühkindlichen Sexualität unterbinden oder bestrafen (von »Doktorspielen« bis zur Selbstbefriedigung) oder versuchen, ihre eigene Sexualität aus falscher Scham vor dem Kind zu verbergen, führt das dazu, dass später der Erwachsene sexuelle Regungen mit Angst oder starken Schamgefühlen verbindet.

Oft ist der Grund für sexuelle Ängste aber auch ein viel tragischerer. Tatsache ist: Jede fünfte Frau in Europa wird irgendwann im Laufe ihres Lebens Opfer sexueller Gewalt, Vergewaltigung oder sexuellen Missbrauchs. Bei vielen Frauen steckt so ein traumatisches Erlebnis hinter der Angst. In solch einem Fall muss der Partner besonders viel Verständnis aufbringen. Viele Frauen müssen öfter über das Erlebte sprechen, um es zu verarbeiten, ein liebevoller Partner, der vor allem gut zuhören kann, ist ihr eine große Hilfe. Manche Frauen brauchen aber auch therapeutische Hilfe, um mit dem schrecklichen Erlebnis fertig zu werden. Leider lassen sich immer noch viele von falscher Scham abhalten, jemandem von einer Vergewaltigung zu erzählen. Viele kann aber das Wissen, nicht die Einzige zu sein, dazu ermutigen, doch Hilfe in Frauenberatungsstellen und ähnlichen Einrichtungen zu suchen.

Prinzipiell gilt: Sexuelle Probleme können sich in sehr unterschiedlicher Weise manifestieren. Bei ihrer Lösung ist es jedoch immer wichtig, hinter dem Problem stehende Sexualängste zu ergründen und zu bearbeiten.

Die Therapie von Masters und Johnson

Eine der besten Therapien gegen alle möglichen Arten von Sexualstörungen haben der Gynäkologe William Masters und die Psychologin Virginia Johnson in den Vereinigten Staaten entwickelt. Sie gehen davon aus, dass sexuelle Störungen in den meisten Fällen leicht behoben werden können, wenn man die Störungen unmittelbar behandelt und sie nicht als Symptom einer Krankheit oder eines Problems betrachtet.

Zu der Therapie müssen allerdings beide Partner bereit sein, nicht nur derjenige, der unter dem Problem leidet. Schließlich leidet mit ihm auch die Beziehung. Wichtig ist auch, dass sich die Partner während der Therapiedauer von einigen Wochen genügend Zeit füreinander nehmen. Sie müssen zuallererst lernen, dass sexuelles Lieben nichts mit Leistung zu tun hat. Im Laufe der Therapie sollten sie dann auch lernen, angstfrei und entspannt miteinander umzugehen.

In der ersten Lernphase geht es vor allem darum, den Körper des anderen durch Streicheln und Zärtlichkeiten kennen zu lernen und herauszufinden, was angenehm ist. Sexuelle Erregung ist in dieser Phase gar nicht erwünscht. Meist sind die Geschlechtsorgane von diesen ersten Berührungen ausgenommen. Die gegenseitigen Berührungen sollen als angenehm und entspannend erlebt werden. Die Partner üben nur so lange, wie es ihnen Spaß macht. Es ist streng verboten, etwas ausschließlich nur dem anderen zuliebe zu tun.

Erst in einer zweiten Stufe werden die Geschlechtsregionen miteinbezogen, und auch hier wird nur so lange geübt, wie beide die Berührungen als angenehm und angstfrei erleben. Auch in dieser Stufe findet noch kein Geschlechtsverkehr statt. Abwehrreaktionen wie Kitzelgefühl, Vermeidungen oder Ekel werden ausführlich besprochen und störende Einstellungen durch Üben verändert.

In der dritten Stufe dürfen die Partner schließlich sexuelle Liebe nach ihren Bedürfnissen praktizieren. Aber auch hier soll nicht die Erregung, sondern das angenehme Gefühl im Vordergrund stehen. Durch diese Anordnung wird allmählich eine Atmosphäre und Grundhaltung hergestellt, die Sexualität wieder zu einem natürlichen, spielerischen Vorgang macht, der ohne Schuldgefühle und Versagensängste abläuft. In einer letzten Stufe lernen die Partner bestimmte Techniken, um Störungen wie vorzeitigen Samenerguss oder Orgasmusschwierigkeiten zu beheben.

Die Methode von Masters und Johnson ist allerdings nur anwendbar, wenn ein fester Partner vorhanden ist. Wenn dies nicht der Fall ist oder wenn eine ausgeprägte neurotische Gehemmtheit vorliegt, verspricht eine Psychotherapie, die die Konflikte aufarbeitet, gute Resultate.

Die Dereflexion

Der Wiener Psychiater Viktor Frankl entwickelte eine psychotherapeutische Schule und eine Methode, die als *Logotherapie* bezeichnet wird. Diese Methode sieht ihre Aufgabe darin, Hilfestellung im »Leiden am sinnlosen Leben« zu geben (siehe Seite 146). Eine therapeutische Technik der Logotherapie ist die *Dereflexion*. Darunter versteht man die völlige Ablösung der Aufmerksamkeit von sich selbst und von seinen Symptomen.

Wie die Technik der Ablenkung funktioniert, zeigt das folgende Beispiel:

Eine verheiratete Frau, die sehr streng und sexualfeindlich erzogen wurde, leidet während des Geschlechtsverkehrs unter heftigen Schmerzen. Sie wird vom Therapeuten angewiesen, sich nicht nur nicht zu entspannen, sondern ganz im Gegenteil ihre Scheidenmuskulatur so anzuspannen, dass es ihrem Mann unmöglich wird, in die Scheide einzudringen. Er wird über diese Instruktion genau informiert und seinerseits angewiesen, nur sehr zart und liebevoll zu versuchen, diesen Widerstand zu überwinden. Eine Woche später erscheinen beide Ehepartner beim Therapeuten, um zu berichten, dass der Geschlechtsverkehr zum ersten Mal während ihrer Ehe schmerzfrei gewesen sei.

Diese verhältnismäßig einfache Technik kann bei sexuellen Störungen sehr erfolgreich angewendet werden, besonders wenn diese durch Versagensangst entstanden sind. So verbietet beispielsweise der Therapeut bei Impotenz dem Betroffenen und seiner Partnerin strikt, den Geschlechtsverkehr zu vollziehen. Der Patient – vom Druck entlastet – berichtet meist nach kurzer Zeit, dass er und seine Partnerin das Verbot übertreten hätten.

Medikamentöse Hilfe bei Erektionsstörungen

In unserer Gesellschaft wird Männlichkeit mit Potenz gleichgesetzt. Daher führen Störungen der Potenz fast immer zu psychischen Problemen wie Beeinträchtigung des Selbstwertgefühls, Vermeidung von sexuellen Aktivitäten und Versagensangst. Besonders die Versagensangst führt schnell in einen Teufelskreis, aus dem der Betroffene ohne Hilfe oft keinen

Ausweg findet: Angst und intensive Selbstbeobachtung verhindern eine ausreichende Erektion, und das Erleben dieses »Versagens« erhöht wiederum die Angst, die Erektionsprobleme könnten sich wiederholen. Eine zielführende Behandlung von Erektionsstörungen wird daher auch bei erkennbaren organischen Störungen die psychischen Probleme immer mit einbeziehen.

In der medizinischen Fachwelt werden Erektionsstörungen auch als *erektile Dysfunktionen* bezeichnet – ein Sammelbegriff für eine Reihe von Funktionsstörungen, von mangelnder Gliedsteife bis zur nicht ausreichenden Dauer der Erektion. Die Gründe dafür können – wie bei allen sexuellen Störungen – vielfältig sein. Die Entstehung und Aufrechterhaltung einer Erektion ist ein sehr komplexer physischer und psychischer Vorgang. Kommt es in irgendeinem Abschnitt dieser Reaktionskette zu einer Störung, wird das Zustandekommen einer Erektion verhindert. Eine eindeutige Unterscheidung, ob eine Erektionsstörung organisch oder psychisch bedingt ist, ist oft gar nicht möglich.

Die Diagnose und medizinische Behandlung sollte grundsätzlich immer durch einen Facharzt erfolgen, da – wie bereits erwähnt – neben psychischen Ursachen eine Vielzahl organischer Erkrankungen dafür verantwortlich sein kann. Können organische Ursachen ausgeschlossen werden, sind erektionsfördernde Medikamente wie Viagra, Cialis oder Levitra heute die Therapie der Wahl. Diese Substanzen wirken sowohl bei den meisten körperlichen als auch psychisch bedingten Erektionsproblemen und helfen auch, den oben beschriebenen psychischen Teufelskreis zu durchbrechen. Sie wirken aber nur, wenn es auch zu einer sexuellen Stimulation kommt. Wenn keine sexuelle Erregung vorhanden ist, wird es trotz der Tabletten nicht zur Erektion kommen. Eine weitere Behandlungsmöglichkeit ist die Schwellkörper-Auto-Injektions-Therapie. Dabei wird der Wirkstoff Alprostadil mit einer extrem dünnen Nadel direkt in den Schwellkörper des Penis gespritzt.

Trotz der Möglichkeiten, die derartige Medikamente bieten, ist bei anhaltenden Erektionsstörungen ohne körperliche Ursache eine begleitende Psychotherapie angebracht. Denn Ängste, Sorgen, Depressionen oder Beziehungskonflikte, die hinter der Störung stecken, werden durch die Medikamente nicht geheilt. Nicht selten tritt schon eine spontane Heilung auf, wenn der Betroffene über sein Problem offen sprechen kann, die dahinterstehenden Muster erkennt und Bewältigungsstrategien erarbeitet. Bei bestehenden Partnerschaften ist es besonders sinnvoll, auch die Partnerin in die Gespräche mit einzubeziehen.

Alkohol- und Medikamentenabhängigkeit

Wenn von *Sucht* die Rede ist, fallen vielen in erster Linie illegale Drogen wie Heroin oder Kokain ein. Es sind aber ganz andere Süchte, die in unserer Gesellschaft am weitesten verbreitet sind und die die meisten Opfer fordern: nämlich der Alkohol- und der Medikamentenmissbrauch. Gerade weil Alkoholkonsum bei uns gesellschaftlich üblich ist, bleibt eine Abhängigkeit lange Zeit unentdeckt und wird oft erst erkannt, wenn es zu spät ist. Das gilt auch für die Medikamentensucht: Tabletten gegen Antriebslosigkeit, Schlafstörungen oder Nervosität werden relativ oft verschrieben. In beiden Fällen kommt die Abhängigkeit schleichend, sie ist das Endstadium einer längeren Entwicklung. Diese beginnt bei einem Konsum, der aufgrund der Menge und/ oder Häufigkeit die Gesundheit oder das soziale Leben beeinträchtigt und endet bei der psychischen und/oder körperlichen Anhängigkeit.

Die verschiedenen Drogen bewirken in den meisten Fällen sowohl eine körperliche als auch eine psychische Abhängigkeit. Von *psychischer Abhängigkeit* spricht man, wenn das Verlangen nach einem bestimmten Stoff sehr stark und vom Betroffenen nicht mehr steuerbar ist. Beim Absetzen dieses Stoffes treten Unlustgefühle bis hin zur Depression auf. Wer je starker Raucher war und versucht hat, es sich abzugewöhnen, kennt dieses Gefühl sehr genau. *Körperliche* oder *physische*

Abhängigkeit tritt dann auf, wenn die betreffende Substanz in den Stoffwechsel des Körpers übergegangen ist. Ist die Substanz nicht mehr verfügbar, reagiert der Körper mit *Entzugserscheinungen* wie zum Beispiel heftigen Muskelschmerzen und -zuckungen, Schweißausbrüchen, Fieber und Erbrechen. Zu den Drogen, die eine körperliche Sucht auslösen, gehören neben Aufputschmitteln, Beruhigungs- und Schlaftabletten auch Alkohol und Nikotin. Das Händezittern des Alkoholikers nach einigen Tagen Abstinenz ist eine solche körperliche Entzugserscheinung, die aber noch zu den vergleichsweise harmloseren Reaktionen zählt.

Experten unterscheiden darüber hinaus zwischen zwei Formen der Sucht: Bei der ersten besteht die Tendenz, die Dosis immer weiter zu erhöhen, weil der Körper im Laufe der Zeit unempfindlicher gegen die Substanz wird, sodass eine immer größere Dosis nötig ist, um den gewünschten Effekt hervorzurufen. Bei der zweiten Suchtform besteht eine Abhängigkeit, aber es ist keine Dosiserhöhung erforderlich. Süchtige leugnen diese Effekte in der Regel und behaupten, dass sie jederzeit aufhören könnten, wenn sie nur wollten.

Sucht

Das Verhalten von Menschen und Tieren wird von Belohnungen gelenkt. Damit wir etwas als belohnend empfinden, muss es an einen befriedigenden, positiv erregenden oder als lustvoll empfundenen Zustand gebunden sein. Als positiv wird auch die Beendigung eines unlustvollen, bedrohlichen oder schmerzhaften Zustandes empfunden.

Erhält der Mensch eine Belohnung, wird im Hirn der chemische Botenstoff **Dopamin** freigesetzt. Diese Substanz überträgt Informationen der Nervenzellen und regt besondere Zentren an, die das Verhalten, die Motivation und die Lernfähigkeit steuern. Das Empfinden von Glück, Freude, Zuversicht und auch das High-Gefühl beim Konsum von Drogen werden auf eine verstärkte Ausschüttung von Dopamin zurückgeführt. Verantwortlich dafür ist ein Belohnungssystem, das im **Limbischen System** des Gehirns, dem Sitz unserer Gefühle, gelegen ist.

In Versuchen konnte gezeigt werden, dass verschiedene Drogen wie Opiate, Kokain, Amphetamine, Alkohol, Barbiturate und Benzodiazepine, aber auch Nikotin und Koffein direkt oder indirekt in dieses Belohnungssystem eingreifen und eine Erhöhung der Dopamin-Ausschüttung verursachen. Auch die körpereigenen euphorisierenden »Drogen«, die **Endorphine,** wirken auf diese Weise.

Menschen können nicht nur **stoffgebundene,** sondern auch **nicht-stoffgebundene Süchte** entwickeln. Bei Letzteren besteht der unwiderstehliche Drang zu Aktivitäten, die persönliche Befriedigung verschaffen und den Betreffenden völlig an eine bestimmte Tätigkeit oder Verhaltensweise binden. So spricht man etwa von Spielsucht, Internetsucht, Arbeitssucht, Putzsucht, Kaufsucht oder Sexsucht. Im Gegensatz zu den Abhängigkeiten von Drogen gibt es bei nicht-stoffgebundenen Süchten keine körperlichen Entzugssymptome, jedoch psychische Entzugssymptome wie Zustände von Unruhe, Gereiztheit, psychischer Missstimmung sowie auch vegetative Symptome als Ausdruck innerer Anspannung.

Sowohl bei der Behandlung der stofflichen als auch der nicht-stofflichen Süchte liegen die Schwerpunkte auf dem konsequenten Entzug der Droge und einer intensiven psychotherapeutischen und psychiatrischen Betreuung. Dabei gilt: je früher eine Behandlung beginnt, desto größer ist die Chance, dass sie erfolgreich ist.

Warum werden Menschen süchtig?

Die Gründe für den Missbrauch von Alkohol, Medikamenten oder anderen Drogen sind sehr unterschiedlich. Neben dem Wunsch nach Entspannung und Enthemmung spielen Neugier oder Langeweile ebenso eine Rolle wie seelisches Leid, die Flucht vor Problemen und die Hoffnung, Konflikte besser zu bewältigen. Doch nicht jeder Mensch, der Alkohol konsumiert oder Medikamente nimmt, wird süchtig. Warum manche Menschen süchtig werden und manche nicht, darüber sind sich Wissenschaftler noch nicht einig.

Bei der Analyse des Suchtverhaltens zeigt sich sehr häufig, dass der Missbrauch eines Suchtmittels eigentlich nur der missglückte Versuch ist, ein verstecktes Problem oder eine Störung wie etwa depressive Verstimmungen, Ängste, Defizite in der sozialen Kompetenz, sexuelle Probleme, Partnerprobleme, Selbstunsicherheit oder psychischen Druck in den Griff zu bekommen. Mit Hilfe von Suchtmitteln wird nun versucht, mit dem Problem oder der Störung fertig zu werden.

Die Wahrscheinlichkeit, dass jemand eine Drogenabhängigkeit entwickelt, ist je nach seiner persönlichen Geschichte und psychischen Verfassung verschieden groß. Auch die genetische Veranlagung dürfte eine Rolle spielen. Die Psychologen nennen das die *Prädisposition* eines Menschen.

Verschiedene Belastungsfaktoren begünstigen die Entstehung einer Abhängigkeit: etwa eine Traumatisierung durch Missbrauch, Gewalt oder Vernachlässigung, aber auch eine psychiatrische Erkrankung oder Neurose. Es ist bekannt, dass Kinder, die aus zerrütteten Familienverhältnissen stammen, in denen bereits ein Elternteil Trinker ist, eher zur Sucht neigen als Kinder aus geordneten Familien. In all diesen Fällen ist aber Vererbung wahrscheinlich nur marginal im Spiel, vielmehr spiegeln sich die Probleme der Eltern im Verhalten der Kinder wider.

Vom psychologischen Standpunkt aus ist eine der wichtigsten Eigenschaften aller Drogen, dass sie scheinbar die »Flucht aus der Wirklichkeit« ermöglichen. Man fühlt sich gut, je nach Art der Droge, entweder wunderbar entspannt und frei von Ängsten oder besonders intelligent und großartig. Alle Probleme scheinen auf einmal weit weg, alles was zählt, ist das gute körperliche und seelische Gefühl. Die Droge wirkt vermutlich ähnlich wie ein Abwehrmechanismus: Konflikte, die Angst und Schuldgefühle erzeugen, können rasch verdrängt und unterdrückt werden. Auch die unangenehme Wirklichkeit, die nicht oder nur schlecht ertragen wird, ist nach dem Drogenkonsum verändert und wird plötzlich ganz anders als üblich wahrgenommen. Im fortgeschrittenen Stadium der Sucht geht es allerdings zunehmend nur mehr darum, qualvolle körperliche und psychische Entzugserscheinungen zu vermeiden.

Alkoholismus

»Warum trinkst du?«, fragte der kleine Prinz in Saint-Exupérys Buch den Alkoholiker. »Weil ich mich schäme«, antwortete der Alkoholiker. »Und warum schämst du dich?«, fragte der kleine Prinz weiter. »Weil ich trinke«, antwortete wieder der Alkoholiker. Dieser kurze Dialog zeigt die Problematik des Alkoholismus. Der Alkoholkonsum tröstet zwar, aber die eigentlichen Probleme löst er nicht. Letztlich wird er als Tröster unentbehrlich und somit selbst zum größten Problem des Trinkers.

Vereinfachend kann man drei Typen von Alkoholikern unterscheiden:

- Der erste Typ trinkt oft und gerne, weil er sich dann wohler fühlt; wenn er will, kann er aber aufhören.
- Der zweite Typ trinkt regelmäßig größere Mengen, nicht nur am Abend, sonders bisweilen auch schon unter Tags während der Arbeit. Wenn die Ärzte körperliche Schäden wie etwa Lebervergrößerung oder Pankreasentzündung feststellen, schafft auch er es aufzuhören.
- Der dritte Typ schafft das nicht mehr. Sein Körper hat sich so sehr an den Alkohol gewöhnt, dass er mit massiven Entzugserscheinungen reagiert, wenn die Droge Alkohol ausbleibt. Auch wenn er eine erfolgreiche Entziehungskur hinter sich gebracht hat, bleibt er extrem gefährdet. Neben der Flasche sind die Freunde, die ihn dazu überreden »nicht fad zu sein und doch ein einziges Glas zu trinken«, seine größten Feinde. Schon nach einem einzigen Glas kann er die Kontrolle verlieren und der Entzug war vergeblich.

Solche Aufforderungen spiegeln die gesellschaftliche Rolle der Droge Alkohol wider und zeigen auch, wie problematisch der Umgang mit Alkohol und mit Trinkern ist: Einerseits ist Alkohol aus unserem Gesellschaftsleben nicht wegzudenken. Man trinkt auf Festen und Partys, und man trinkt, um dem anderen Geschlecht näher zu kommen. Man trinkt, um einen Vertragsabschluss zu begießen und man trinkt mit dem Chef, um bessere Aufstiegschancen zu haben. Wer nicht anstoßen will, wird oft als Spaßverderber betrachtet; mancherorts gilt übermäßiger Alkoholkonsum auch als Zeichen besonderer Männlichkeit. Auf alle Fälle gehört Alkohol zum gehobenen Lebensstandard: Teure Spirituosen oder Champagner sind Statussymbole, und in der Werbung tummeln sich jede Menge gut gelaunter, schöner junger Menschen, die nach einem ordentlichen Schluck so richtig Party machen.

Andererseits weiß jeder, dass Alkoholismus verheerende Folgen haben kann: Die körperlichen Beschwerden reichen von Schlafstörungen, Magenreizungen, Magengeschwüren, Impotenz, Herz- und Kreislaufstörungen bis zu schwerer Leberschädigung (und Leberzirrhose), Bauchspeicheldrüsenentzündung, Nervenentzündungen und schweren, bleibenden Gedächtnisstörungen. Insgesamt ist die Sterblichkeit bei Alkoholikern drei- bis fünfmal höher als bei Nichttrinkern.

Auch die Psyche wird geschädigt, es kommt zu deutlichen Veränderungen der Persönlichkeit. Der Trinker ist starken Stimmungsschwankungen unterworfen, ist reizbar, leicht erregbar und neigt dazu, seine Angehörigen zu misshandeln. Sein Verhalten wird mit der Zeit immer rücksichtsloser und aggressiver, wobei er häufig auch Anfälle von unbegründeter Eifersucht entwickelt. Schließlich kommt es zu ausgeprägten

Gedächtnis- und Konzentrationsstörungen. In manchen Fällen tritt im letzten Stadium der Erkrankung eine Alkoholpsychose auf, entweder in Form eines Delirs, einer Halluzinose oder auch eines Eifersuchtswahns. In dieser Phase ist das Gehirn bereits stark in Mitleidenschaft gezogen.

Das lebensgefährliche *Delirium tremens* tritt meist zwei bis drei Tage nach plötzlichem Alkoholentzug auf und äußert sich durch Schwitzen, starke Unruhe, unkontrolliertes Zittern, Angst, Verwirrtheit und Halluzinationen. Der Kranke sieht überall kleine Tiere, wie Spinnen, Eidechsen oder »weiße Mäuse«. Unter Umständen versagt auch das Gedächtnis. Oft kommt es zu Wahnvorstellungen, wobei der Kranke etwa glaubt, dass die Wände durchlässig seien und Personen hindurchtreten.

Bei einem kleineren Teil der Alkoholiker kommt es nicht zu einem Delirium tremens, sondern zu einer *Alkoholhalluzinose* oder zum alkoholischen Eifersuchtswahn. Der Kranke hört dann Stimmen, von denen er beschimpft oder angeklagt wird, oder er entwickelt Wahnideen, die sich gegen den Partner richten. Dabei werden meist harmlose Beobachtungen, wie beispielsweise ein Fleck in der Wäsche, zu Beweisen der Untreue umgedeutet.

Wie alle Süchtigen neigen Alkoholiker dazu, sich selbst zu betrügen und ihre Abhängigkeit zu verleugnen (»Ich könnte jederzeit aufhören, aber in meiner schrecklichen Situation will ich das nicht!«). Oft versuchen Freunde, Familienangehörige und Kollegen, den Abhängigen zu schützen, indem sie durch seine Sucht verursachte Probleme und Fehlverhalten vor Außenstehenden verstecken. Leider erreichen sie damit genau das Gegenteil von dem, was sie erreichen wollen. Der Betroffene hört nicht auf zu trinken, sondern lernt, dass ihm geholfen wird, solange er hilflos ist. Bevor der Süchtige sein Problem vor sich selbst eingesteht und von sich aus den Entschluss fasst, etwas an seiner Sucht zu ändern, sind alle Versuche ihn zu »retten« leider völlig sinnlos.

TEST

Trinken Sie zu viel?

Es ist wichtig, Alkoholabhängigkeit schon in einem frühen Stadium zu erkennen, um rechtzeitig etwas dagegen unternehmen zu können. Wenn Sie wissen wollen, ob Sie abhängig oder gefährdet sind, machen Sie den folgenden Test:

1. Trinken Sie bisweilen heimlich, weil es Ihnen vor anderen peinlich ist?
   ○ ja   ○ nein
2. Ertappen Sie sich dabei, dass Sie öfters am Tag an einen Schluck denken?
   ○ ja   ○ nein
3. Trinken Sie die ersten Gläser hastig und mit einem Gefühl der Erleichterung?
   ○ ja   ○ nein
4. Machen Sie unter Alkoholeinfluss bisweilen Dinge, die Ihnen nachher peinlich sind?
   ○ ja   ○ nein
5. Verlieren Sie unter Alkoholeinfluss die Kontrolle über sich selbst?
   ○ ja   ○ nein
6. Wenn ja, fühlen Sie sich deshalb schuldig?
   ○ ja   ○ nein

7. Glauben Sie, dass andere daran schuld sind, dass Sie trinken und Unglück haben?

   ○ ja   ○ nein

8. Schaffen Sie es nicht problemlos, drei Tage ganz ohne Alkohol auskommen?

   ○ ja   ○ nein

Selbst wenn Sie nur eine dieser Fragen mit »ja« beantwortet haben, sollten Sie schleunigst Hilfe suchen, entweder bei einem Arzt, Psychotherapeuten oder in einer Selbsthilfegruppe, wie beispielsweise bei den anonymen Alkoholikern. Sie haben bereits die erste Stufe einer Abhängigkeit erreicht, auch wenn noch keine körperlichen oder psychischen Schäden sichtbar sind.

Als wissenschaftlich nachgewiesenermaßen gesundheitsgefährdend gilt ein längerfristiger Durchschnittstageskonsum der Alkoholmenge, die in einem Viertel Liter Wein oder einem halben Liter Bier enthalten ist (bei Frauen), beziehungsweise der Alkoholmenge, die in drei Viertel Liter Wein oder eineinhalb Liter Bier enthalten ist (bei Männern).[14]

Medikamentenabhängigkeit

Sehr viele Menschen sind der naiven Meinung, dass gefährliche Drogen verboten, Drogen, die im medizinischen Bereich verwendet werden, hingegen kaum schädlich und daher erlaubt sind. Das trifft leider nicht zu. Es gibt nämlich in Wahrheit kaum ein Schlafmittel oder Schmerzmittel, kaum ein beruhigendes oder stimulierendes Mittel, das nicht auch als Suchtmittel verwendet werden könnte und auch verwendet wird. Wie leicht es ist, medikamentensüchtig zu werden, zeigt das folgende Beispiel.

Frau M. leidet unter Schlafstörungen. Obwohl sie sich den ganzen Tag abrackert, wälzt sie sich in der Nacht stundenlang schlaflos im Bett. Alles Mögliche geht ihr durch den Kopf: Im Büro wurde eine Kollegin gekündigt. Übermorgen ist Elternsprechtag. Die Blumen sollten wieder einmal umgetopft werden. Je mehr sie nachdenkt und grübelt, desto wacher wird sie. Erst in den Morgenstunden findet sie Schlaf. Viel zu kurz. Schon beim Aufstehen fühlt sie sich wie gerädert. Die Glieder sind bleischwer, am Nachmittag hat sie das Gefühl, die Augen werden ihr jeden Moment zufallen. Die Arbeit geht nur langsam voran. Am Abend, wenn sie erleichtert ins Bett sinken könnte, ist die Müdigkeit wie fortgeblasen.

Der Hausarzt hat kaum Zeit, sich mit der Ursache ihrer Schlafstörung genauer zu beschäftigen – das Wartezimmer ist wie immer überfüllt – er löst das Problem rasch mit einem Rezept. Und dank der verordneten Schlafmittel schläft Frau M. in dieser Nacht wirklich gut. Einige Tage später taucht das Problem allerdings wieder auf. Aber die Schlaflosigkeit hat ihren Schrecken verloren – dank der Tabletten auf dem Nachtkästchen. Bald wird Frau M. der Einfachheit halber vor dem Zubettgehen immer vorbeugend eine Tablette einnehmen.

Hier beginnt das eigentliche Problem. Da der Körper sich an das Medikament gewöhnt, muss Frau M. bald mehr davon nehmen, um dieselbe Wirkung zu erzielen. Vor allem ist sie jetzt auch dermaßen überzeugt, dass sie ohne Medikament nicht schlafen kann, dass es ihr tatsächlich nicht gelingen würde. Sie ist auf dem besten Weg, medikamentensüchtig zu werden. Bald wird sie ein Vielfaches der vorgeschriebenen Dosis nehmen müssen, um die ersehnte Wirkung zu erzielen.

Wird aber ein Medikament, an das sich der Körper gewöhnt hat, plötzlich abgesetzt, kommt es zu mehr oder minder starken Entzugserscheinungen mit Zittern, Schweißausbrüchen, Schwächegefühl, Übelkeit, Unruhe und Angstgefühlen. Darüber hinaus führt die fortgesetzte Einnahme eines Medikamentes über eine lange Zeit zu geistiger Abstumpfung, Nachlassen des Gedächtnisses, Stimmungslabilität, Selbstunsicherheit und erhöhter Reizbarkeit.

Ähnliche Abhängigkeitserscheinungen treten auch bei schmerzstillenden, beruhigenden oder stimulierenden Mitteln auf. Da grundsätzlich jeder Mensch suchtgefährdet ist, sollte man sich darüber im Klaren sein, dass derartige Medikamente nur für Notfälle gedacht sind und nicht über einen längeren Zeitraum hinweg eingenommen werden dürfen. Besonders gefährlich ist die Kombination von Beruhigungs-, Schlaf- oder Schmerzmitteln mit Alkohol. Durch die gemeinsame Einnahme werden die Wirkungen des Medikamentes und des Alkohols extrem verstärkt und können zu starker Benommenheit oder gar zu Bewusstlosigkeit führen.

Was sich gegen Sucht tun lässt

Eine erfolgreiche Suchttherapie wird ohne professionelle Hilfe meist nicht gelingen. Sie erfordert für gewöhnlich den Aufenthalt in einer therapeutischen Gemeinschaft, einer Fachklinik, zumindest aber eine ambulante Psychotherapie oder die Teilnahme an einem qualifizierten ambulantem Programm. Zunächst müssen eventuelle körperliche Entzugssymptome überwunden werden. Die Suchttherapie setzt sich zum Ziel, den Lebensrhythmus und die Verhaltensweisen eines Abhängigen von Grund auf zu verändern. Mit Hilfe psychotherapeutischer, verhaltenstherapeutischer und systemischer Methoden werden konstruktives Lösen von Konflikten, Zusammenleben mit anderen und Eigenverantwortung erprobt und erfahren.

Ein Entzug hat allerdings nur dann Sinn, wenn der Betroffene von sich aus etwas gegen seine Sucht unternehmen will. Auch ist ein Entzug noch keine Garantie dafür, dass der Alkoholkranke sein Verhalten auf Dauer ändert. Vielen erscheint die Rückkehr in ihren Alltag (und den Scherbenhaufen, den sie dort oft angerichtet haben) ohne die Droge nicht bewältigbar, und sie werden rückfällig. Deshalb sind begleitende Psychotherapie und unterstützende Maßnahmen auch nach dem Entzug nötig. Einige schaffen es – oft nach mehreren vergeblichen Entzügen – erst dann, von der Droge loszukommen, wenn sie am absoluten Tiefpunkt ihres Lebens angekommen sind und vor der Alternative Leben oder Sterben stehen.[15]

Essstörungen

Als *Essstörung* bezeichnet man eine medizinisch relevante, längerfristige Verhaltensauffälligkeit, die die Nahrungsaufnahme bzw. deren Verweigerung betrifft. Eine Essstörung muss nicht unbedingt bedeuten, dass sich der oder die Betroffene hinsichtlich der Nährstoffe ungesund ernährt. Die Störung liegt vielmehr in der unüblichen Beziehung zum Essen. Wenn Essstörungen chronisch werden, können lebensgefährliche körperliche Schäden die Folge sein. Unterschiedlichen Quellen zufolge leiden bis zu zehn Prozent der Bevölkerung unter der einen oder anderen Art von Essstörung. Betroffen sind vor allem junge Frauen (95 Prozent), der Anteil der Männer ist aber tendenziell steigend.

Kennzeichnend für eine Essstörung ist die Tatsache, dass der Alltag der Betroffenen ständig um das Thema Essen kreist. Das Essen oder Nichtessen ist dabei ein Ausweichverhalten, das von unbefriedigenden Lebensverhältnissen ablenkt: Die Auseinandersetzung mit dem Essen »ersetzt« sozusagen die Auseinandersetzung mit psychischen Problemen, denen sich der oder die Betroffene nicht stellen kann oder will.

Menschen mit Essstörungen leiden in der Regel unter einer Störung des Körperbildes (selbst die dünnsten Magersüchtigen kommen sich noch zu dick vor), unter einem tiefen Gefühl eigener Unzulänglichkeit sowie unter Wahrnehmungsstörungen nach innen und außen.[16] Gemeinsam ist allen Betroffenen etwa, dass sie nicht fähig sind, Hunger richtig zu bestimmen und von anderen körperlichen Bedürfnissen oder emotionaler Erregung zu unterscheiden.

Oft dauert es Jahre, bis eine Essstörung von der Umwelt bemerkt wird. Menschen mit Essstörungen verbergen ihr Essverhalten vor anderen. Die Scham ist meist so groß, dass sie sich niemandem anvertrauen und sich von Freunden und Familie zurückziehen.

TEST
Ist Ihre Beziehung zum Essen gestört?
Essstörungen sind nicht nur eine Frage des äußeren Erscheinungsbilds. Auch Normalgewichtige können essgestört sein. Hinweise auf eine Essstörungen sind folgende »ja«-Punkte:

1. Beschäftige ich mich ständig mit dem Thema Nahrungsaufnahme?
2. Stelle ich fest, wie viel ich gegessen habe, wie viel Kalorien ein bestimmtes Nahrungsmittel hat, wie viel ich noch essen darf?
3. Fühle ich mich schuldig, wenn ich gegessen habe?
4. Kann ich Gefühle von Hunger und Sättigung wahrnehmen oder orientiere ich mich eher an Kalorientabellen und Waage?
5. Fühle ich mich dick, obwohl ich eigentlich normal- oder untergewichtig bin?
6. Habe ich das Gefühl, durch eine Gewichtsreduktion alle Probleme beseitigen zu können, nach dem Motto: »Wenn ich schlank bin, ist alles gut.«?

Formen der Essstörung

Eine der bekanntesten Formen ist die *Magersucht (Anorexia nervosa)*. Sie äußert sich als absichtlich selbst herbeigeführter starker Gewichtsverlust. Durch Hungern und Kalorienzählen magern die Betroffenen oft bis auf die Knochen ab. Viele versuchen dabei gleichzeitig durch körperliche Aktivitäten den Energieverbrauch noch zu steigern. Charakteristisch ist eine gestörte Körperwahrnehmung: Trotz dramatischen Untergewichts fühlen sich Magersüchtige zu dick und haben Angst vor Gewichtszunahme. Magersüchtige sind oft perfektionistische Persönlichkeiten, das Bewusstsein, den Körper »unter Kontrolle« zu haben, kann ein regelrechtes Hochgefühl auslösen. Die Folgen der Unterernährung sind unter anderem Muskelschwund, Kreislaufprobleme, Müdigkeit, Hormonstörungen (Ausbleiben der Regelblutung), Verdauungsstörungen und Stimmungsschwankungen. Fünf bis 15 Prozent der Betroffenen sterben daran, jedoch meist nicht durch eigentliches Verhungern, sondern durch Infektionen des geschwächten Körpers.

Menschen, die an *Ess-Brech-Sucht (Bulimie)* leiden, sind hingegen meist normalgewichtig, haben aber große Angst zuzunehmen. Bulimiker pendeln zwischen zwei Extremen: Anfallsartig schlingen sie wahllos große Mengen an Nahrung in sich hinein, dann versuchen sie diese Ess-Attacken zu kompensieren, entweder indem sie länger fasten, exzessiv Sport betreiben oder absichtlich erbrechen. Anfangs wird das Erbrechen meist mit der Hand herbeigeführt, später erfolgt es oft reflexartig. Auch der Missbrauch von Abführmitteln oder Entwässerungspillen gehört in dieses Bild. Charakteristisch ist auch, dass die Betroffenen immer auf Diät sind. Durch diese Maßnahmen kommt es im Körper aber immer wieder zu Mangelzuständen und in der Folge zu Heißhunger. Jede Ess-Attacke bedeutet für einen Bulimiker eine schamvolle Niederlage. Unter Umständen werden die Heißhunger-Anfälle so häufig, dass sie eine große finanzielle Belastung darstellen. Die Folgen der Ess-Brech-Sucht reichen von Entzündungen der Speiseröhre und Zahnschäden durch Magensäure über Störungen des Elektrolyt-Stoffwechsels bis zu Ohrspeicheldrüsenentzündungen und Herzrhythmusstörungen.

Binge-Eating lässt sich am einfachsten mit dem Wort »Essattacke« übersetzen: Innerhalb kürzester Zeit verschlingen die Betroffenen ungewöhnlich große Mengen an Nahrungsmitteln. Sie können nicht kontrollieren, wie viel sie essen oder wann sie mit dem Essen aufhören müssen. Anders als Bulimiker erbrechen Binge Eater aber nicht danach. Viele sind daher übergewichtig, aber nicht alle. Anders als bei der Magersucht oder der Bulimie sind hier auch viele Männer betroffen (etwa ein Drittel der Patienten). Binge Eater haben Schwierigkeiten, zwischen Hunger und Appetit zu unterscheiden, häufig setzt das normale Hungergefühl komplett aus.

Die Folgen sind Hormonstörungen sowie alle mit Übergewicht verbundenen Krankheiten wie Herzinfarkt, Diabetes, Arteriosklerose und Gelenkschmerzen.

Etwa 0,5 Prozent der Bevölkerung leiden an einer 1997 erstmals beschriebenen Essstörung, der *Orthorexie* (etwa: krankhaftes Gesundessen)[17]. Bei dieser Essstörung verbringen manche Betroffene mehrere Stunden täglich damit, Vitamingehalt und Nährwerte zu berechnen und Lebensmittel auszuwählen. Die Auswahl der »erlaubten« Nahrungsmittel wird immer geringer. Der Genuss am Essen tritt immer mehr in den Hintergrund. Viele Orthorektiker sind besessen davon, ihre Umwelt zu missionieren. Negative Folgen sind oft ein zu niedriges Körpergewicht und soziale Isolation, weil nicht nur aus Selbstgerechtigkeit und vermeintlicher moralischer Überlegenheit Gesellschaften gemieden werden, sondern auch, weil dort nicht mitgegessen werden kann.

Was steckt hinter einer Essstörung?

Die Zahl der Behandlungen von Essstörungen ist in den letzten Jahren stark angestiegen. Unter anderem werden dafür die zunehmende Bedeutung und Darstellung körperlicher Perfektion und die starke Thematisierung des Körpergewichts in den Medien verantwortlich gemacht. Viele Models und Stars sind so schlank, dass die Vermutung einer Essstörung naheliegt. Studien zufolge hat mit 18 Jahren bereits jedes zweite Mädchen in Österreich und Deutschland eine Diät hinter sich. Aber auch Männer kommen durch die Darstellung sportlich-muskulöser Ideale zunehmend unter Druck.

Dennoch entwickelt nicht jede Frau und jeder Mann, die diesen falschen Idealen ausgesetzt sind, eine Essstörung. Denn für deren Entstehung ist immer eine ganze Reihe von Faktoren verantwortlich: Einerseits ist ein erhöhtes Risiko genetisch bedingt – oft haben an Essstörungen Erkrankte Angehörige mit Suchtproblemen oder affektiven Störungen (Depressionen etc). Anderseits begünstigen bestimmte Persönlichkeitsmerkmale die Entwicklung: Etwa die Tendenz, ständig anderen Menschen gefallen zu wollen und eine niedrige Kompetenz, eigene Wünsche zu äußern und durchzusetzen; ein geringes Selbstwertgefühl oder Depressionen, aber auch Perfektionismus, Zwanghaftigkeit oder Störungen der Impulskontrolle. Die Ursachen dafür sind oft schon in der frühen Kindheit zu finden.

Tafel III: Was Essstörungen begünstigt

Die folgenden Faktoren begünstigen die Entstehung einer Essstörung:

- Weibliches Geschlecht: Es ist eine Tatsache, dass Frauen von überzogenen Schlankheitsidealen stärker beeinflusst werden als Männer.

- Ein Alter zwischen 15 und 35 Jahren: Essstörungen treten am häufigsten in diesem Lebensabschnitt auf (können sich aber auch später entwickeln).

- Depressive Störungen.

- Übergewicht: Viele Essstörungen beginnen mit einer strikten Diät.

- Eine Familie, in der Körpergewicht und Fitness besonderer Stellenwert zukommt.

- Sexueller Missbrauch: Statistisch ist ein Missbrauch in der Kindheit oder im Teenageralter mit Essstörungen verknüpft.

- Fehlendes Selbstvertrauen und Selbstwertgefühl und die daraus resultierende Unfähigkeit, Gefühle zu erkennen bzw. angemessen mit ihnen umzugehen.

- Eine emotionell belastete Kindheit: Die Fähigkeit, zwischen Hunger/Sättigung und verschiedenen Gefühlen zu differenzieren, wird in der frühen Kindheit gelernt. Störungen in dieser Phase, traumatische Erlebnisse, Vernachläs-

---

---

sigung oder besondere Bedingungen im Elternhaus können
dies negativ beeinflussen.

- Überessen oder Fasten kann das Belohnungszentrum des
Gehirns stimulieren. Essstörungen haben daher die gleiche Wirkung im Gehirn wie Alkoholismus oder Drogenkonsum. Es spielen auch die gleichen Persönlichkeitsmerkmale, die einen Einfluss bei Alkohol- oder Drogensucht haben,
eine Rolle.

Was sich gegen eine Essstörung tun lässt

Den meisten Betroffenen fällt es sehr schwer, sich selbst ein-
zugestehen, dass mit ihrem Essverhalten etwas nicht stimmt.
Noch schwieriger ist es für sie, mit anderen Menschen darüber zu reden. Oft dauert es sogar einige Jahre, bis der oder
die Betroffene professionelle Hilfe sucht. Immerhin ist in den
letzten Jahren eine Reihe von Einrichtungen entstanden, die
nicht nur Betroffenen, sondern auch deren Angehörigen be-
ratend zur Seite stehen.

Essstörungen müssen unbedingt von erfahrenen Fachärz-
ten behandelt werden. Insbesondere die Behandlung einer
Magersucht erfordert viel Fingerspitzengefühl. Gutes Zure-
den durch Freunde oder Familie, doch »endlich anständig«
zu essen, bleibt in der Regel fruchtlos und kann das Problem
sogar noch verschlimmern.

Nur mit Hilfe einer individuellen Psychotherapie kann der
Teufelskreis aus Scham, Schuldgefühlen und Essen durchbro-
chen werden. Bei Kindern und Jugendlichen ist dabei auch
die Einbeziehung der ganzen Familie sinnvoll. Medikamente

zur Behandlung von Essstörungen gibt es nicht, bei manchen Formen können aber Antidepressiva unterstützend wirken.

Wichtig bei allen Formen ist auch eine ärztliche Untersuchung, denn neben der Psychotherapie müssen die möglichen Folgeschäden von Mangelernährung, häufigem Erbrechen oder Übergewicht behandelt werden.

Teil II

Die Mobilisierung der psychischen Kräfte

Zu einer positiven Lebenseinstellung finden

Warum haben manche Menschen eine positive Lebenseinstellung und warum scheinen andere immer Pech zu haben, so als würden sie ihr Leben selbst unglücklich gestalten?

Der erste Teil dieses Buches hat den Aufbau der Persönlichkeit skizziert; die Mechanismen, die seelische Spannungen und seelische Krankheiten hervorrufen. Nicht das, *was* jemandem passiert ist oder *was* jemand durchgemacht hat, sondern *wie er es verarbeitet,* ist demnach ausschlaggebend dafür, ob er zu einer positiven oder negativen Lebenseinstellung gelangt.

Es gibt Menschen, die Furchtbares mitmachen und trotzdem nicht den Glauben an das Leben verlieren, und andere, die einen vergleichsweise geringen Schock nicht oder nur ungenügend verarbeiten können. Viel hängt von der Art der Persönlichkeit und den begleitenden Umständen ab. Viele Menschen brauchen professionelle Hilfe, um mit einer seelischen Kränkung fertig zu werden; andere wiederum haben die Fähigkeit, in sich zu gehen und kommen selbst auf manche Zusammenhänge oder Lösungen.

Ein bestimmtes Rezept zu einer positiven Lebenseinstellung, zu persönlichem Glück gibt es nicht. Falsch wäre es, sich vorzunehmen, von nun an alles rosarot zu sehen. Es funktioniert nicht. Nur wenn es gelingt, ein Problem näher einzugrenzen, es zu benennen, kann man darangehen, die Ursachen des Unbehagens zu finden, zu verstehen und vielleicht sogar zu beseitigen. Nur so werden die psychischen Energien, die durch die Verdrängung unangenehmer Bewusstseinsinhalte gebunden sind, wieder frei für neue Aktivitäten und Lebensfreude.

In den folgenden Kapiteln lernen Sie einige einfache Techniken und Verhaltensregeln kennen, die helfen, den Umgang mit sich selbst und den Mitmenschen entspannter und erfolgreicher zu gestalten. Wirkliche Verbesserung bringt jedoch nicht stures Nachahmen einer Technik, sondern nur die fortwährende, ehrliche Auseinandersetzung mit sich selbst, der Umwelt und den Mitmenschen.

Den Kontakt zu den Mitmenschen verbessern

Keinem Menschen bleibt es erspart, sich ständig mit anderen Menschen auseinanderzusetzen. Unabhängig davon, ob er ein Gesellschaftstiger oder ein Einzelgänger ist und wie immer auch die Beziehungen zu seinen Mitmenschen aussehen mögen – die Beziehungen bestehen und sind ein von seinem Leben nicht zu trennender Aspekt.

Ohne Kontakt zu anderen kann ein Mensch kaum leben. Kinder, die zu wenig Zuwendung erfahren, sind anfälliger für seelische und körperliche Krankheiten und in ihrer Entwicklung langsamer. Der emotionelle Austausch mit den anderen, die Erfahrung, geliebt, angenommen, akzeptiert und bewundert zu werden, ist eine der wichtigsten menschlichen Bedürfnisse und Antriebe. Deshalb ist auch die Beziehung der Kinder zu den Eltern von so enormer Bedeutung – sind sie doch in der frühen Kindheit die wichtigsten Bezugspersonen. Wie in den vorhergehenden Kapiteln erläutert wurde, prägen die frühen Beziehungen ganz entscheidend das Bild, das sich ein Mensch von der Welt macht.

Ist aus irgendwelchen Gründen der Kontakt zu den Mitmenschen gestört, kann das für den Betroffenen schwere seelische Folgen haben. Umgekehrt äußern sich seelische Probleme häufig in der Unfähigkeit, mit anderen Menschen Kontakte zu knüpfen und auf diese Weise Bestätigung zu erfahren. Der junge Mann, der zu schüchtern ist, um einer Frau nahe zu kommen; die einsame alte Frau, die immer nur über sich spricht und damit andere langweilt; der Aufschneider, der mit seinen ewig gleichen Geschichten allen auf die Nerven fällt; der Partytiger, der irgendwelche Geschichten ohne jegliche echte Anteilnahme erzählt – sie alle leiden vermutlich darunter, dass sie keine echten Beziehung aufbauen können.

Alle »Krankheiten der Seele«, wie sie im vorhergehenden Abschnitt beschrieben wurden, äußern sich unter anderem auch in der Unfähigkeit, mit seinen Mitmenschen angemessen kommunizieren zu können.

Der richtige Umgang mit den anderen

»Gesagt heißt nicht immer gesagt, gesagt heißt nicht immer gehört, gehört heißt nicht immer verstanden, verstanden heißt nicht immer einverstanden, einverstanden heißt nicht immer angewendet, angewendet heißt nicht immer beibehalten.«
(Konrad Lorenz)

Der Umgang mit den Mitmenschen will gelernt sein. Die Glücklichen unter uns lernen diese Fertigkeit ganz selbstverständlich von ihren Eltern, ihren Verwandten oder in der Schule. Die meisten Menschen aber haben es nicht ganz so leicht. Etwa weil ihre Eltern die Regeln der Kommunikation selbst nicht gut beherrschten. Oder weil sie unter Angst, Selbstunsicherheit oder anderen Problemen leiden, die es ihnen erschweren, Kontakte zu anderen Menschen herzustellen.

Menschen, die kommunizieren können, erscheinen als Glückskinder. Sie haben Erfolg, wohin sie auch kommen. Sie sind beliebt und verstehen es, sich überall Freunde zu schaffen. Ihnen stehen die Unglücklichen gegenüber, die überall anecken, denen es nicht gelingt, mit ihrer Umwelt auszukommen oder beruflichen Erfolg zu haben. Bisweilen verbreiten sie eine derart negative Atmosphäre, dass ihnen andere aus dem Weg gehen.

Während den einen Freundschaften und günstige berufliche Gelegenheiten in den Schoß zu fallen scheinen, mühen sich die anderen ihr Leben lang ab, ohne von der Stelle zu kommen, obwohl sie vielleicht nicht weniger gebildet sind und genauso viel arbeiten.

Der amerikanische Bestsellerautor Dale Carnegie kam in seinem Buch *Wie man Freunde gewinnt*[18] zu dem Schluss, dass die Fähigkeit, mit seinen Mitmenschen erfolgreich umzugehen der sicherste Weg zu persönlichem Ansehen und Erfolg sei.

Dale Carnegies Bestseller kam bereits 1936 heraus, hat aber nichts an seiner Gültigkeit verloren. Er enthält eine Menge intelligenter Tipps und Beobachtungen zum Thema Kommunikation. Auch die Irrtümer, was dieses Thema anbelangt, haben sich seit damals kaum verändert. So bedeutet für viele Menschen erfolgreiche Kommunikation auch heute noch, den anderen von den eigenen Argumenten zu überzeugen und ihm die eigene Überlegenheit zu beweisen. Tatsache ist jedoch, dass man den anderen nicht kennen lernen und verstehen kann, wenn man versucht, sich über ihn hinwegzusetzen, ihm nicht zuhört und nicht auf ihn eingeht. In den folgenden Kapiteln erfahren Sie, welche Faktoren stimmen müssen, damit die Kommunikation mit den anderen auch klappt und welche Fallen dabei lauern.

Wie Sie sehen werden, ist das, was recht simpel und logisch klingt, oft gar nicht so einfach zu befolgen, wenn nicht echtes Interesse am anderen dahintersteckt. Echtes Interesse lässt sich aber nicht vortäuschen. Menschen, die Probleme im Umgang mit anderen haben, werden daher feststellen, dass sie vor allem an sich selbst arbeiten müssen, um den Umgang mit ihren Mitmenschen zu erlernen. Die Fähigkeit, sich anderen zuzuwenden, hat immer auch mit Selbstsicherheit zu tun und schließt Angst oder Depression aus. Wenn Sie mit den folgenden Tipps Probleme haben, sollten Sie in sich gehen und die Ursache dafür ergründen. Unter Umständen machen Sie sich das Leben unnötig schwer.

Die Transaktionsanalyse oder: Wie reden wir miteinander?

Was passiert, wenn Menschen miteinander reden? Wie redet man miteinander, um einander zu verstehen? Warum machen uns manche Aussagen ärgerlich, auch wenn der Satz an sich keine Beleidigung war? Was können wir aus einer einfachen Botschaft alles heraushören?

Eine Methode, die es uns mit relativ einfachen Mitteln erlaubt, diese Fragen zu untersuchen, ist die *Transaktionsanalyse*. Sie wurde vom amerikanischen Psychiater Eric Berne entwickelt und enthält sowohl Konzepte, die – ähnlich wie die Psychoanalyse Sigmund Freuds – die Struktur der menschlichen Persönlichkeit beschreiben, als auch Konzepte, mit deren Hilfe die zwischenmenschliche Kommunikation untersucht werden kann. Die Transaktionsanalyse liefert so eine Erklärung für die Entstehung von Konflikten und zeigt auch einen Ansatz zu ihrer Beilegung.

Berne stellte fest, dass jedem Menschen drei *Ich-Zustände* zur Verfügung stehen, denen jeweils verschiedene Formen des Fühlens, des Denkens und des Verhaltens zugeordnet werden können. Diese Ich-Zustände sind dem Grunde nach fest gefügte Verhaltensmuster, die die Art der Kommunikation und des Kontaktes zu den anderen bestimmen. Berne benannte diese drei Ich-Zustände das *Erwachsenen-Ich,* das *Eltern-Ich* und das *Kindheits-Ich.*

Das Erwachsenen-Ich beschreibt Berne als jenen Teil in uns, der vernünftig, angemessen und realitätsbezogen handelt und spricht. Es handelt sozusagen wie ein Computer, der nicht nach den Gefühlen, sondern nach den Erfordernissen entscheidet.

Das Eltern-Ich ist jener Teil in uns, der Verhaltensweisen, Werte, Regeln, Verbote und Vorurteile der Eltern gespeichert hat. Wenn wir jemandem Vorwürfe machen, ihn kritisieren aber auch bemuttern oder loben, spricht unser Eltern-Ich.

Im Kindheits-Ich schließlich sind die Gefühle und Reaktionen auf das Verhalten anderer gespeichert, die wir vom ersten Tag unseres Lebens an aufgenommen haben. Das Kindheits-Ich ist verantwortlich, wenn Reaktionen oder Verhaltensweisen an den Tag kommen, die wir als Kind erfolgreich angewandt haben. Trotz, Unterordnung oder Manipulationsversuche, aber auch spontane Empfindungen wie Lebensfreude und Spaß am Leben gehen vom Kindheits-Ich aus.

Jeder Mensch hat alle drei Ich-Zustände ein Leben lang zur Verfügung. Welche er im Umgang mit anderen Menschen am häufigsten einsetzt, hängt letztlich von seiner Entwicklung und Reife ab und macht seine Individualität aus. Da alle Ich-Zustände bei jedem Gespräch, wenn auch in unterschiedlichem Ausmaß, ins Spiel kommen, tragen sie ganz wesentlich dazu bei, wie ein Gespräch abläuft.

Ein Gespräch oder eine Auseinandersetzung besteht laut Berne aus einem Austausch zwischen den verschiedenen Ich-Zuständen. Dieser Vorgang wird in der Transaktionsanalyse als *Transaktion* bezeichnet. Wenn jemand ein Gespräch beginnt, setzt er einen Transaktionsreiz und wenn der andere darauf antwortet, eine Transaktionsreaktion.

Transaktionen können sowohl auf einer offenen als auch auf einer verdeckten Ebene ablaufen. In einer offenen Transaktion sind die Mitteilungen offenkundig und eindeutig. In einer verdeckten Transaktion hingegen liegt unter der vordergründigen Botschaft noch eine zweite, nämlich all das, was »zwischen den Zeilen« steht.

Nicht allzu selten münden fortdauernde verdeckte Botschaften – wenn sie nicht bewusst gemacht und offen angesprochen werden – in psychologische Spiele zwischen den beteiligten Gesprächspartnern.

Betrachtet man verschiedene Gesprächssituationen genauer und untersucht dabei die Form der Transaktion, lässt sich daraus ableiten, wie ein Gespräch verlaufen wird. Wenn eine Transaktion zwischen Eltern-Ich, Erwachsenen-Ich und Kindheits-Ich parallel verläuft, wird die Kommunikation offen und befriedigend sein. Überkreuzt sich hingegen eine Transaktion zwischen zwei Ich-Zuständen, wird die Kommunikation unbefriedigend sein und Anlass zu Missverständnissen geben.

In den folgenden Diagrammen werden eine parallele und eine überkreuzte Transaktion veranschaulicht.

Parallele Transaktion

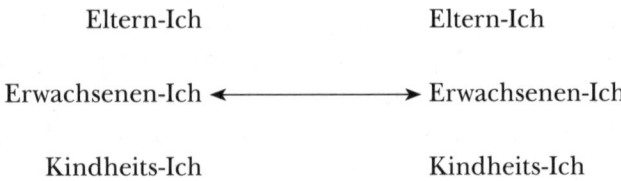

Überkreuzte Transaktion

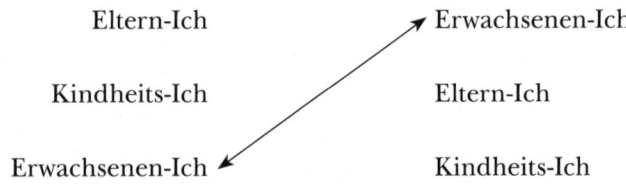

Ein sachliches Gespräch passiert auf der Ebene des Erwachsenen-Ich. Auf dieser Ebene lassen sich wichtige Dinge besprechen und Probleme klären. Wenn jemand beispielsweise sagt: »Wir sollten einmal versuchen herauszufinden, weshalb du in letzter Zeit so viel getrunken hast«, beginnt das Gespräch auf der Ebene des Erwachsenen-Ich. Eine angemessene Erwachsenen-Ich-Antwort wäre etwa: »Wir sollten das wirklich einmal tun, ich möchte es ja selbst wissen.« In diesem Fall verläuft die Transaktion auf parallelen Ebenen. Wenn aber der reagierende Partner aufbraust und dann etwa antwortet: »Du kritisierst mich ständig und gibst mir immer die Schuld an allem, ganz genauso wie mein Vater das getan hat«, handelt es sich um eine Reaktion vom Kindheits-Ich zum Eltern-Ich. In diesem Fall verläuft die Transaktion auf überkreuzten Ebenen, ein Konflikt bahnt sich an.

Falls in einer Kommunikation die Transaktion auf überkreuzten Ebenen verläuft und damit unbefriedigend und schwierig wird, ist es wichtig, sie so zu verändern, dass sie bei beiden Gesprächspartnern wieder auf der Erwachsenen-Ebene stattfinden kann. Durch genaues Beobachten der körperlichen und sprachlichen Gesten lässt sich relativ rasch erkennen, in welchem Ich-Zustand sich der andere Gesprächspartner gerade befindet, ob die Transaktion offen, überkreuzt oder verdeckt abläuft und wie man sie verändern muss, um das Gespräch konfliktfreier und befriedigender führen zu können.

Die Transaktionsanalyse ist eine sehr brauchbare Methode, um in schwierigen Situationen adäquat zu agieren und zu reagieren, aber auch, wenn man feststellen will, wie die eigene Kommunikation verläuft und wie man sie verbessern kann.

Die Beziehungsfalle oder: Lassen wir dem anderen wirklich die Wahl?

Eine Beobachtung, die für das Verständnis zwischenmenschlicher Kommunikation von großer Bedeutung ist, machte der amerikanische Psychologe Gregory Bateson. Das Phänomen, das er beschrieb, nannte er *double-bind* (was so viel wie *Doppelbindung* bedeutet) oder *Beziehungsfalle*. Eine Doppelbindung oder Beziehungsfalle besteht dann, wenn eine emotional abhängige Person – meist ein Familienmitglied – eine Mitteilung oder eine Aufforderung mit einander widersprechenden, letztlich unerfüllbaren Botschaften bekommt und keine Möglichkeit hat, das Beziehungssystem zu verlassen.

Es hat dabei den Anschein, als hätte die betroffene Person eine Wahlmöglichkeit, in Wirklichkeit ist ihr die Lösung aber schon vorgegeben. Ein Beispiel:

»Kommst du mit oder nicht?«, fragt ein Mann, der ins Kino gehen will, seine Freundin. Schon aus seinem Tonfall merkt die Freundin, dass er gereizt ist, weil sie nicht wirklich Lust darauf hat. Sie weiß, dass er beleidigt sein wird, wenn sie nicht mitkommt. Vielleicht sagt sie dann: »Muss das wirklich heute sein?«, worauf er antwortet: »Mir ist es egal, ob du mitkommst, ich gehe jetzt.« Nimmt seine Freundin nun seine Aussage ernst und kommt nicht mit, ist er beleidigt. Kommt sie hingegen mit und ist verärgert, wird er sagen: »Ich weiß nicht, was du hast, ich habe dir doch die Wahl gelassen.« In Wirklichkeit hatte sie aber gar keine Wahl, denn wie immer sie sich entschieden hätte, es würde die Stimmung zwischen den beiden in jedem Fall verschlechtern.

Das gleiche Kommunikationsmuster liegt etwa auch vor, wenn sich eine Frau von ihrem Mann als Liebesbeweis Blumen wünscht. Ignoriert er ihren Wunsch, wird sie sich unglücklich fühlen; kommt er ihm nach, wird sie trotzdem unzufrieden sein, weil er die Blumen ja nicht spontan gebracht hat, sondern erst, nachdem sie sie verlangte. Das ist das Wesen der Beziehungsfalle: Wofür immer sich der Betroffene auch entscheidet, jede getroffene Lösung ist im Grunde falsch und hat nur Nachteile für ihn.

Die oben beschriebenen Beziehungsfallen sind anschaulich und können mit einiger Erfahrung leicht erkannt werden. In solchen Fällen ist es sinnvoll zu versuchen, die paradoxe Kommunikationssituation zu analysieren, darüber offen miteinander zu reden und einander mitzuteilen, was man wirklich möchte.

Oft ist eine Doppelbindungssituation aber bedeutend subtiler und sehr schwer zu durchschauen. Ein Beispiel dafür sind Eltern, die ihren Kindern scheinbar die Wahl lassen, ob sie studieren wollen, ihnen in Wirklichkeit aber durch ihr Verhalten signalisieren: »Wenn du nicht studierst und eine angesehene Position erreichst, werden wir nicht einverstanden sein und dich auch nicht mehr unterstützen.« Das Kind sieht sich nun vor der praktisch unlösbaren Wahl, entweder seine Wünsche hintanzustellen oder die Zuneigung seiner Eltern zu verlieren und ist so gewissermaßen in der Beziehungsfalle gefangen.

In einer subtilen, nicht durchschaubaren Doppelbindungssituation – wie im Beispiel mit den Eltern beschrieben – hat die betroffene Person weder die Möglichkeit, richtig zu reagieren, noch der Beziehungsfalle zu entgehen. Solche Doppelbotschaften werden daher als extrem verunsichernd und verwirrend erlebt und können, wenn sie sehr häufig vorkommen, auch Anlass für erhebliche psychische Störungen sein. Die Auflösung einer vielschichtigen Doppelbindungssituation in einem Beziehungssystem ist ohne professionelle Hilfe nur selten möglich und erfordert im Allgemeinen eine systemisch orientierte Psychotherapie.

Über die Bedeutung des Zuhörens

Partygast 1: »Gerade sind wir aus Spanien zurückgekommen, ich sage Ihnen, es war wunderbar. Zwar nicht ganz billig, aber es hat sich ausgezahlt. Die exklusive Agentur, mit der wir unterwegs waren, war ja doch ihr Geld wert.«

Partygast 2: »Also wir wollten unbedingt nach Florida, das ist in diesem Jahr der große Renner. Wir haben Tür an Tür mit diesem berühmten Filmstar gewohnt. Meine Frau sagt immer, im Urlaub soll man sich nur das Beste gönnen.«

Partygast 3: »Wissen Sie, wir finden Florida so schrecklich überlaufen. Seit zwei Jahren fliegen wir nur noch in die Südsee. Wir haben dort auch meinen ehemaligen Chef getroffen.«

Wahrscheinlich haben die drei Gäste einander nach diesem Gespräch nicht sympathischer gefunden. Jeder versuchte ja bloß den anderen zu übertrumpfen, keiner ging auf das ein, was der andere gesagt hatte und jeder wartete nur auf die Gelegenheit, von sich selbst zu sprechen. Ein Gespräch ist aber kein Kampf, bei dem man einen Gegner besiegen muss, indem man dabei mit etwas noch Tollerem, Intelligenterem oder Größerem auffährt.

So simpel es klingt: Die wichtigste Eigenschaft im erfolgreichen Umgang mit anderen ist zuhören können. Selbst wenn Sie nichts anderes tun, als diesen Ratschlag zu beherzigen, werden Sie eine Menge erreichen. Jemandem zuhören bedeutet, dem anderen das Gefühl zu vermitteln, dass er ernst genommen und für interessant gehalten wird. Schon allein weil Sie dem Gesprächspartner diese positiven Gefühle vermitteln, wird er Sie sympathisch finden.

Jemandem zuhören bedeutet auch, seine Wünsche, seine Vorlieben und seine Meinung kennen zu lernen. Nicht nur, wenn man Freunde gewinnen will, sondern auch in Gesprächen und Diskussionen mit anderen Menschen ist Zuhören unerlässlich. Nur wer wirklich zuhört, kann auf die Argumente des anderen eingehen. Und nur wer auf die Argumente des anderen eingehen kann, hat eine echte Chance, zu überzeugen. Ein Mensch, der sich niedergeredet fühlt, wird vielleicht eine Diskussion beenden – überzeugt wird er nicht sein.

Wie führen Sie also ein Gespräch so, dass der andere in Ihnen einen weltoffenen und interessanten Gesprächspartner sieht? Hier ein paar Grundregeln:

- Seien Sie interessiert, und lassen Sie den anderen sprechen. Sie geben dem anderen so das Gefühl, dass Sie ihm wirklich zuhören. Nur unter solchen Umständen wird ein Mensch überhaupt bereit sein, aus sich herauszugehen und seine tatsächlichen Wünsche und Ansichten mitzuteilen.

- Gehen Sie auf die Hobbys und den Beruf des anderen ein. Auch ein aus Ihrer Sicht langweiliger Mensch wird Ihnen auf einmal Dinge und Details erzählen können, die für Sie neu sind. Und denken Sie daran: Man kann immer etwas Neues dazulernen.

- Versuchen Sie nicht, den anderen zu beeindrucken, sondern lassen Sie sich beeindrucken. Dadurch steigt das Selbstwertgefühl des anderen Ihnen gegenüber. Wenn Sie versuchen, ihn zu übertrumpfen, wird er Ihnen eher aus dem Weg gehen oder Sie für einen Angeber halten.

- Sagen Sie Ihrem Gesprächspartner niemals, dass er im Unrecht ist, legen Sie aber ihre Sichtweise der Dinge dar. Es ist einfach die höflichere Art. Und außerdem: Können Sie immer hundertprozentig sicher sein, dass Sie recht haben?

- Geben Sie zu, wenn Sie im Unrecht sind. Selbstsichere Menschen lassen sich überzeugen, wenn Sie die andere Meinung für intelligenter oder besser halten. Sie wissen, dass kein Mensch unfehlbar ist. Beharren auf der eigenen

Meinung um jeden Preis zeugt nicht von Standhaftigkeit, sondern von Borniertheit.

- Sprechen Sie nicht dauernd über sich, interessieren Sie sich auch für den anderen. Sie sprechen ja nicht gegen eine Wand. Wenn Sie den anderen niederreden, wird ihm das Gespräch mit Ihnen rasch langweilig werden. Außerdem verbauen Sie sich damit unter Umständen die Chance, einen interessanten Menschen besser kennen zu lernen.

- Lernen Sie, aufmerksam zuzuhören. Abgesehen davon, dass Sie dem anderen damit ein Gefühl der Wertschätzung vermitteln, werden viele Missverständnisse vermieden, die durch halbes Hinhören, nebenbei Aufschnappen und falsch Interpretieren zustande kommen. Wenn Sie etwas nicht ganz verstehen, fragen Sie nach. Der andere wird Sie nicht verachten, weil Sie etwas nicht wissen, sondern sich freuen, dass er Ihnen etwas erklären kann und sich wichtig fühlen.

Wie wird Kritik sinnvoll?

Eine Volksweisheit sagt: »Jede abfällige Bemerkung, jeder Tadel und jede noch so berechtigte Kritik töten auch den besten Freund.« Tatsache ist: Niemand wird gerne getadelt oder kritisiert, auch dann nicht, wenn er weiß, dass er im Unrecht ist. Es ist schlimm genug zu bemerken, dass man einen Fehler gemacht hat. Richtig unangenehm und peinlich wird es aber, wenn man auch noch von anderen wichtigtuerisch daraufhingewiesen wird. Kein Mensch erträgt es, mit der Nase auf seine Schwächen gestoßen werden. Er wird dem Kritiker daher für seine Beobachtung kaum dankbar sein, sondern ihn in Zukunft auf Grund des frustrierenden Zusammentreffens höchst unsympathisch finden. Unter Umständen wird er sogar auf seinem Fehler beharren, weil er glaubt, andernfalls sein Gesicht zu verlieren.

Andererseits ist Kritik nötig. Erst wenn man ein Werk kritisch betrachtet, finden sich vielleicht noch Verbesserungsmöglichkeiten. Nur mittels kritischer Durchleuchtung lässt sich etwa ein falscher Handlungsablauf rekonstruieren und analysieren, sodass man einen Fehler beim nächsten Mal vermeiden kann.

Wie lassen sich also diese beiden scheinbaren Widersprüche unter einen Hut bringen? Die Antwort heißt *konstruktive Kritik*. Konstruktive Kritik bedeutet, seine Kritik so vorzubringen, dass der andere nicht das Gesicht verliert, sondern im Gegenteil dabei das Gefühl hat, bei seiner Arbeit durch gute Vorschläge unterstützt zu werden. Im folgenden Beispiel werden zwei mögliche Reaktionen eines Vorgesetzten dargestellt, um den Unterschied zwischen einer extrem negativen und einer konstruktiven Kritik aufzuzeigen.

Ein Mann hat eine neue Stellung angenommen. Er bemüht sich redlich. Aber dann unterläuft ihm doch ein Fehler. Etwas unsicher berichtet er seinem Vorgesetzten davon. Von der Reaktion des Vorgesetzten hängt nun weitgehend sein weiteres Engagement in der Firma ab. Diese Reaktion kann alle möglichen Abstufungen zwischen den folgenden zwei Extremen einnehmen:

Variante 1: Der Vorgesetzte reagiert mit Wut: »Sie Dummkopf haben alles verdorben!« Oder mit Spott: »Einen großartigen neuen Mitarbeiter haben wir da!«. Die Folgen dieses Verhaltens: Der neue Mitarbeiter ist frustriert. Er hat auch nicht erfahren, wie er den Fehler hätte vermeiden können. In Zukunft wird er versuchen, möglichst keine eigenständigen Entscheidungen zu treffen. Sein Vorgesetzter wird dadurch mehr Arbeit haben, weil er sich um alles selbst kümmern muss. Passiert ihm doch ein Fehler, wird er ihn vertuschen, weil er Angst hat, wieder so behandelt zu werden. Und unter Umständen wird der Fehler erst entdeckt, wenn die Folgen nicht mehr abzuwenden sind.

Variante 2: Der Vorgesetzte reagiert mit Verständnis: »Das werden wir schon hinkriegen, das konnten Sie noch nicht wissen« und erklärt dem neuen Mitarbeiter, wie er derartige Fehler in Zukunft vermeiden kann. Unter Umständen sagt der Vorgesetzte sogar: »Sie sind ein intelligenter Mensch, sie werden es rasch lernen.« Der neue Mitarbeiter ist dankbar, weil er wegen seines Fehlers nicht beschimpft wurde und freut sich über das Lob. Er wird sich bemühen, dem Lob auch gerecht zu werden und sich besonders anstrengen.

Wenn Sie Freunde gewinnen und beliebt sein wollen und trotzdem nicht auf Kritik verzichten möchten, ist es sinnvoll, die folgenden Grundregeln zu beherzigen.

- Beginnen Sie nie mit Sätzen wie: »Ich werde Ihnen beweisen, was richtig ist!« Oder: »Sie machen ja alles falsch!« Vermeiden Sie, so weit es geht, jede direkte Form des Tadels und der Kritik. Machen Sie jedoch Verbesserungsvorschläge, wie etwa: »Was halten Sie von dieser Technik?« – »Ich kann mir vorstellen, dass man die Aufgabe auch so lösen könnte.« – »Haben Sie schon versucht, Frau X anzurufen? Sie soll Spezialistin auf diesem Gebiet sein!«
- Wenn Sie glauben, dass der andere an einer falschen Meinung festhält, ja sogar, wenn Sie absolut sicher wissen, dass er irrt, formulieren Sie Ihre Sichtweise trotzdem höf-

lich: »Ich dachte, das sei anders, aber vielleicht täusche ich mich, vielleicht habe ich etwas nicht ganz verstanden. Überprüfen wir doch zur Sicherheit noch einmal die Tatsachen.« Solche Sätze wirken Wunder. Niemand wird etwas dagegen einzuwenden haben, wenn Sie zugeben, sich zu irren. Im Gegenteil. Ihr Gegenüber wird vermutlich genauso fair und objektiv Ihrem Argument zugänglich werden wie Sie.

- Wenn Sie Ihrem Mitmenschen ein wenig echte Anerkennung spenden, bevor Sie ihn kritisieren, machen Sie es ihm leichter, sich mit der Kritik auseinanderzusetzen. Kein Mensch will in den Augen eines anderen als totaler Versager dastehen. Geben Sie ihm das Gefühl, dass Sie ihn trotz der Kritik schätzen.

Das Feedback oder: Wie wirke ich auf andere?

Wie viel wir auch über uns wissen mögen – wir wissen nicht, wie wir auf andere wirken und wie sie über uns denken. Der Teil unserer Persönlichkeit, den nur die anderen, aber nicht wir selbst wahrnehmen können, wird als *blinder Fleck* bezeichnet. Das bedeutet, dass wir einen Teil unserer Persönlichkeit nur durch andere erfahren können. Wer also erfahren möchte, wie andere Menschen ihn erleben und wie seine Art zu kommunizieren bei anderen ankommt, sollte seinem blinden Fleck, also der ihm nicht bekannten Seite seiner Persönlichkeit, auf die Spur kommen. Zu diesem Zweck wurde die so genannte *Feedback-Technik* entwickelt.

Feedback bedeutet »Rückmeldung«. In vielen gruppendynamischen Seminaren, vor allem in jenen, die sich mit Kommunikation und mit Selbst- und Fremdwahrnehmung beschäftigen, wird diese Technik mit Erfolg angewandt. Der Teilnehmer erhält dabei die Möglichkeit, seinen blinden Fleck zu verkleinern und mehr über sich zu erfahren. Er bekommt von den anderen Gruppenmitgliedern immer wieder Rückmeldungen, wie sein Verhalten wahrgenommen wird. Er hat so die Möglichkeit herauszufinden, wie er ankommt, und zu überprüfen, ob er so wirkt, wie er wirken möchte. Ist dies nicht der Fall, kann er mit Hilfe der anderen lernen, sein Verhalten zu ändern.

Auch in alltäglichen Situationen, wenn man von einem Freund um Rat gefragt wird oder wenn man versucht, ein Problem mit dem Partner zu lösen, kann Feedback sehr hilfreich sein. Es kann:

- positive Verhaltensweisen verstärken. Etwa: »Das hast du gut gemacht«, »Sie haben mir damit sehr geholfen« und ähnliches mehr. Der andere erhält den Anreiz, in ähnlichen Situationen wieder so zu reagieren.
- fehlerhafte Verhaltensweisen korrigieren. Etwa: »Es kränkt mich sehr, wenn du zu spät kommst, weil ich dann das Gefühl habe, dir nicht wichtig zu sein.«
- Beziehungen zwischen Personen klären. Etwa: »Ich dachte bisher immer, mit dir kann man sich nicht unterhalten, aber ich sehe, dass ich mich geirrt habe.« Oder: »Ich finde, dass Sie sich nicht fair verhalten.«

Feedback hilft, die eigene Wahrnehmung mit der des anderen zu vergleichen und häufig auch, Missverständnisse zu vermeiden. Darüber hinaus erlaubt es, den anderen und seine Denkweise besser kennen zu lernen. Wenn Sie jemandem eine Rückmeldung geben wollen, auf die er sich verlassen kann, sollten Sie folgende Feedback-Regeln beachten.

Gutes Feedback ist:

- Beschreibend, nicht bewertend. Wenn Sie eigene Gefühle oder Ihre Sicht der Dinge beschreiben, lassen Sie dem anderen die Freiheit, diese Information anzunehmen oder nicht. Sobald Sie moralische Bewertungen einfließen lassen, ist der andere genötigt, sich zu rechtfertigen. Also: »Ich glaube, diese Arbeit sollten wir noch einmal überprüfen«, und nicht: »Es war ja zu erwarten, dass Sie in dieser kurzen Zeit nichts Ordentliches zusammenbringen.«

- Detailliert, nicht allgemein. Feedback sollte konkret formuliert sein. Also nicht: »Du unterdrückst mich immer«, sondern: »Du hast mir bei dieser Entscheidung gar nicht zugehört, ich hatte das Gefühl gegen eine Wand zu reden.«

- Angemessen. Feedback sollte so formuliert sein, dass es nicht verletzend ist.

- Anwendbar. Feedback sollte sich auf Dinge oder Verhaltensweisen beziehen, die der andere auch beeinflussen kann. Andernfalls wird er unnötig frustriert.

- Erbeten, nicht aufgezwungen. Feedback ist dann am wirksamsten, wenn der andere Sie um Ihre Meinung gefragt hat.

- Zur rechten Zeit. Ein Feedback ist dann am wirksamsten, wenn es unmittelbar auf das Verhalten folgt, auf das es sich bezieht. Und: Sie sollten auf die Bereitschaft der Person, das Feedback anzunehmen, Rücksicht nehmen. Wenn jemand etwa gerade einen Fehler gemacht hat und darüber wütend ist, ist es besser zu warten, bis er sich beruhigt hat und die Sache objektiv betrachten will.

- Verständlich: Gehen Sie sicher, dass der andere auch versteht, was Sie meinen.

- Stichhaltig: Die Aussage sollte überprüfbar, zumindest aber von anderen nachvollziehbar sein.
- Und schließlich sollten Sie nie vergessen, dass Sie niemanden belehren, sondern nur Ihre Sichtweise der Dinge darstellen. Auch Sie können sich irren.

So behaupten Sie sich in Diskussionen

Nachdem Sie nun eine Menge darüber erfahren haben, wie Sie mit Ihren Mitmenschen angemessen kommunizieren, hier noch einige Regeln, die helfen, sich in Diskussionen gut zu behaupten. Die folgenden zehn *Selbstbehauptungsregeln* sind Anweisungen für Fortgeschrittene. Sie setzen voraus, dass man genau weiß, was man im Gespräch erreichen will, dass man etwaige Kommunikationsängste überwunden hat und dem anderen so weit zuhören kann, dass man seine Taktik durchschaut.

- Schallplatte mit Sprung: Durch stetige und ruhige Wiederholung Ihrer Aussage können Sie vieles erreichen, ohne Argumente einzuüben oder sich aufzuregen – einfach indem Sie das, was Sie sagen wollen, immer wieder vorbringen. Mit dieser Technik vermeiden Sie, manipuliert zu werden. Bissige Argumente und falsche Logik, die Sie verwirren sollen, prallen an Ihnen ab. Sie können Ihr Ziel weiterverfolgen.
- Abfangen: Geben Sie bei Kritik (die vielleicht unangebracht ist, Ihnen aber den Wind aus den Segeln nehmen soll) dem Kritiker ruhig recht, ohne sich von Ihrem Wunsch oder Vorhaben abbringen zu lassen. Ein Beispiel: »Vielleicht hast du recht, und ich bin wirklich nicht sonderlich zum Malen begabt, trotzdem möchte ich den Kurs

besuchen.« Das ermöglicht Ihnen, Kritik in Ruhe entgegenzunehmen, ohne ärgerlich oder mit Abwehr zu reagieren, sodass der Kritiker, der Sie aus der Fassung bringen wollte, enttäuscht wird.

- Feedback geben und Verständnis zeigen: Geben Sie dem Gesprächspartner positive Rückmeldung über sein Verhalten und seine Aussagen, sodass eine Basis des Vertrauens entsteht. Etwa: »Ich finde es gut, dass Sie sich über den Abgabetermin Gedanken machen.« Oder: »Es ist schön, dass du an meine Zukunft denkst.« Das ermöglicht Ihnen, in einem Gespräch aktiver zu werden und veranlasst den Gesprächspartner, mehr über sich selbst zu sagen.

- Fehler und Irrtümer zugeben: Eine Grundregel der Selbstbehauptung ist, Fehler und Irrtümer sofort zuzugeben, ohne sich notwendigerweise dafür zu entschuldigen. Das ermöglicht Ihnen nicht nur, mit größerem Gleichmut eigene Fehler zu akzeptieren, sondern auch gleichzeitig, Ärger oder Missgunst Ihres Gesprächspartners zu verringern.

- Nachfragen: Durch Nachfragen (»Wie ist das gemeint?« oder »Was stört Sie an dieser Lösung?«) kann man Kritik herausfordern und sie, wenn sie konstruktiv ist, verwenden, und wenn sie destruktiv ist, entkräften. Der Kritiker wird veranlasst, sich deutlicher auszudrücken. Wenn seine Kritik nur als Manipulationsversuch gedacht war, wird das am Mangel seiner Argumente deutlich. Auch bei intimeren Beziehungen bewährt sich diese Regel. Durch Nachfragen erhält der Partner die Möglichkeit, seine negativen Gefühle auszudrücken, was eine Beziehung erheblich verbessern kann.

- Selbstdarstellung: Kommunikationsforscher unterstreichen immer wieder, wie wichtig es ist, in Gesprächen seine eigene Persönlichkeit darzustellen (die positiven wie die negativen Seiten!) und seine Gefühle offen auszusprechen. Die Gesprächsbasis wird dadurch bedeutend verbessert und Manipulationsversuche des Gesprächspartners (»Sie wollen ja nur ...« oder »Das sagst du ja nur, weil ...«) werden schwieriger. Voraussetzung dafür ist, dass man auch die weniger ruhmreichen Episoden aus dem eigenen Leben ohne Angst und Schamgefühle darstellen kann.

- Aktives Zuhören: Bei dieser Art des Zuhörens wiederholt man wichtige Aussagen seines Gesprächspartners in zusammengefasster Form. (»Wenn ich Sie richtig verstanden habe, meinen Sie, dass ...« oder: »Du willst also, dass ...«). So vermeidet man Fehlinterpretationen und geht sicher, den anderen sachlich und emotionell richtig verstanden zu haben.

- Umformulieren: Diese Regel besagt, dass man unklare negative oder aufgebauschte Aussagen seines Gegenübers positiv formuliert und auf ein realistisches Maß reduziert. Das Gesprächsklima wird dadurch sachlicher und positiver. (»Nichts funktioniert hier, immer muss man alles selbst machen.« – »Ich verstehe, dass du dich ärgerst, weil noch niemand daran gedacht hat, diese Arbeit zu erledigen, aber anderseits musst du doch zugeben, dass sie nicht wirklich dringend ist.«)

- Den anderen an der Problemlösung beteiligen. Etwa: »Sie haben recht, es ist einigermaßen kompliziert. Was glauben Sie, ist in einer solchen Situation angebracht?« Der

Gesprächspartner fühlt sich wichtig und wird motiviert, eigene konstruktive Lösungen beizutragen.

- Kompromissbereitschaft zeigen: Oft ist es sinnvoll, dem anderen einen für ihn annehmbaren Kompromiss vorzuschlagen – vorausgesetzt, dass die eigene Selbstachtung dabei nicht verletzt wird.

Dem Leben Sinn geben

*»Ganz ist der Mensch eigentlich nur dort, wo er ganz aufgeht in einer
Sache, ganz hingegeben ist an eine andere Person.«*
(Viktor E. Frankl)

Die Frage nach dem »Sinn des Lebens« hat schon immer
Theologen und Philosophen beschäftigt. Eine befriedigende
Antwort, die jedermann zufrieden stellen könnte, haben sie
bis heute nicht gefunden. *Das Leben hat den Sinn, den wir ihm
verleihen,* stellten schließlich die Existenzphilosophen fest.
Das bedeutet mit anderen Worten, dass kein Mensch der Aufgabe entgeht, seine eigenen Werte und Aufgaben in seinem
persönlichen Leben zu finden. So mancher wünscht sich in
schwierigen Situationen, jemand anderer könnte ihm eine
schwere Entscheidung abnehmen. Doch letztendlich tragen
wir die Verantwortung für unser Leben immer selbst.

Praktisch veranlagte Menschen geben gerne den Rat, man
möge nicht weiter über den Sinn nachdenken, sondern seine Pflichten erfüllen, die »Forderungen des Tages«, wie Goe-
the sie nannte. Doch wir können als Menschen nicht umhin,
uns und unser Handeln zu betrachten, zu vergleichen und
darüber nachzudenken. Der richtige Weg vereint wohl bei-
des: das Handeln wie das Betrachten. Wer zu sehr über sein
Tun und Wollen nachgrübelt und sich nicht zum Handeln
durchringen kann, wird ebenso scheitern wie jemand, der
nur handelt, aber nie zur Besinnung kommt und sein Leben
nicht hinterfragt.

Es kommt nicht selten vor, dass jemand sein ganzes Leben

lang gearbeitet hat, und sich dann, wenn die Pension naht oder die Kinder aus dem Haus sind, fragt, weshalb man denn eigentlich all die Mühe auf sich genommen hat. Solange man mit der Familie, den Kindern, den Eltern oder dem Büro beschäftigt war, schien das Leben in bester Ordnung. Doch kaum fällt die Aufgabe weg, erscheint das Leben ohne Bezugspunkt, fehlt der Lebensinhalt. »Welchen Sinn hat mein Leben eigentlich gehabt?« fragt sich dann so mancher.

Nicht selten hört man auch von Menschen, dass sie unglücklich sind, weil in ihrem Leben »nichts funktioniert hat« und ihnen »nie etwas geglückt ist«. Sie blicken auf Pläne und Vorstellungen zurück, die sie nie verwirklichen konnten. Was ihnen schließlich bleibt, sind Träume und ein Gefühl der Verbitterung. Solche Menschen gehen davon aus, dass ihr Leben eigentlich keinen Sinn hat, weil es nicht so verlaufen ist, wie sie es wollten. Anstatt ihr Leben zu akzeptieren, wie es ist, und zu verstehen, dass der Sinn ihres Lebens nicht unbedingt darin bestehen muss, in den Augen ihrer Mitmenschen Erfolg zu haben, fühlen sie sich ständig ungerecht behandelt und sind verbittert. Als Folge dieser Einstellung sind sie für viele Dinge nicht offen und leiden an ihrem unerfüllten Leben.

Der Wiener Psychiater Viktor Frankl untersuchte dieses Problem. Er ging davon aus, dass Menschen heute nicht mehr so sehr unter der strengen Sexualmoral leiden wie zur Zeit Sigmund Freuds und daher auch nicht in erster Linie sexuell frustriert sind. Auch leiden sie heute wahrscheinlich weit weniger an einem Minderwertigkeitsgefühl als zur Zeit Alfred Adlers. Das Hauptproblem des modernen Menschen sah Frankl vor allem in einem wachsenden *Sinnlosigkeitsgefühl*. Wenn ein Mensch in seinem Leben keinen Sinn sieht, wird er es als innerlich leer und inhaltslos erleben, auch wenn es ihm äußerlich gut geht. Paradoxerweise kann man beobachten, dass in einer Zeit, in der es uns materiell so gut geht wie in keiner anderen Epoche der Menschheit, sich immer mehr Menschen die Frage nach dem Warum stellen.

Alle Probleme, erkannte Frankl, lassen sich ertragen, wenn man in ihnen einen Sinn erkennen kann. Selbst aus der Krankheit oder gar aus dem Tod kann sich noch Sinn ergeben. Bekannt wurde das Beispiel eines Arztes, dem Frankl in kurzer Zeit helfen konnte, indem er ihm in einer scheinbar ausweglosen Situation einen Sinn zeigen konnte:

Ein Kollege Frankls kam eines Tages verzweifelt zu ihm in die Ordination. Seine Frau war vor einiger Zeit gestorben, und er konnte ihren Tod nicht überwinden. Das Leben habe seither keinen Sinn mehr für ihn, erzählte er, er sei völlig verzweifelt und er denke daran, sich das Leben zu nehmen. Frankls Ordination war überfüllt, und es war ihm klar, dass er nur sehr wenig Zeit hatte, seinem Kollegen zu helfen und zum Umdenken zu bewegen. Schließlich fragte Frankl seinen Kollegen: »Was wäre eigentlich passiert, wenn Sie vor Ihrer Frau gestorben wären?« Dieser überlegte und meinte dann: »Sie hätte meinen Tod nie verwunden und sicher schrecklich darunter gelitten.« »Sehen Sie«, meinte Frankl, »darin liegt der Sinn, dass sie vor Ihnen gestorben ist. Dadurch ist ihr schreckliches Leid erspart geblieben.« Diese Überlegung gab seinem Kollegen wieder die Kraft, mit dem Verlust fertig zu werden.

Kann die Psychologie bei der Suche nach dem Sinn helfen?

Kann die Psychologie helfen, wenn wir das Gefühl haben, dass unser derzeitiges Leben nicht sinnvoll ist, dass alles ganz anders sein sollte und dass alle Möglichkeiten verbaut sind? Die Antwort ist Ja. Die Hilfe besteht vor allem darin, dass die Psychologie ermöglicht, uns der Ursachen unserer derzeitigen Situation bewusst zu werden. In der *Existenzanalyse* hilft der Therapeut dem Betroffenen, seine Lebenssituation zu untersuchen und mögliche Alternativen zu finden. Der Therapeut geht dabei davon aus, dass jeder Mensch sein ganz persönliches Leben lebt, mit seinen ganz persönlichen Lebensumständen fertig werden muss und dass er daher eine ganz persönliche, maßgeschneiderte Lösung erarbeiten muss. Im Mittelpunkt steht deshalb vor allem die Zukunft, die künftige Lebensgestaltung.

Die Existenzanalyse sieht drei Ursachen für das Gefühl, keinen Sinn mehr zu sehen und keine Zukunft mehr zu haben[19]: Zum einen entstehen derartige Gefühle, wenn »Vergangenheitsmist« die Gegenwart überdeckt. In solchen Fällen hilft der Therapeut seinem Klienten, Situationen aus der Vergangenheit ausfindig zu machen, die sein aktuelles Leben negativ beeinflussen. Ein Beispiel:

Eine vierzigjährige Frau leidet unter schweren Depressionen. Sie meint, sie werde sich eines Tages sicher umbringen, da alles »eh nichts nützt«. Sie wünscht sich schon lange eine Partnerschaft und Kinder. Weil sich ihre Erwartungen nicht erfüllen, ist sie in trotzigem Ärger erstarrt. Die ihr zunächst unbewusste Einstellung dahinter lautet: »Das Leben muss gefälligst so sein, wie ich es will, sonst mache ich

nicht mehr mit!« Mit Alkohol und Tabletten versucht sie, sich zu ent-
spannen, es gelingt aber nicht. Im Zuge der Therapie werden Ereig-
nisse und Schicksalsschläge ihres Lebens so weit aufgearbeitet, dass
verstehbar wird, warum ihr Leben so verlief, und dass kein einseitiges
»Versagen« ihrerseits vorliegt. Sie wird angehalten zu überlegen, was
passieren würde, wenn ihr Wunsch nach Partnerschaft nicht in Er-
füllung ginge. Allmählich lernt sie, ihr Leben so anzunehmen wie es
ist – auch ohne Mann. Der Druck der Erwartung fällt dadurch all-
mählich von ihr ab, sie findet endlich zur ersehnten Entspannung –
nicht in Drogen oder Selbstmordgedanken, sondern durch echte in-
nere Gelassenheit.

Im Gegensatz zur Psychoanalyse, die sich darum bemüht, die
gesamte Vergangenheit eines Menschen zu erforschen, geschieht dies in der Existenzanalyse nur insoweit, als es zur
Bewältigung des gegenwärtigen Lebens nötig ist. Dabei zeigt
sich oft, dass nicht nur vergangene Ereignisse, sondern auch
falsche Einstellungen ein erfüllendes Leben in der Gegenwart behindern können.

Zum anderen liegt das Übel oft darin, dass jemand unfähig ist, eigene Entscheidungen zu treffen, immer auf Hilfe
von außen angewiesen ist und daher nicht um seine Fähigkeiten und Kompetenzen Bescheid weiß: »Woher soll ich wissen, was ich will?« – »Kann ich mich auf meine Gefühle verlassen?« oder »Ich fühle mich unsicher, und ich kann mich
auch nicht durchsetzen«, hört man in solchen Fällen. Der
Therapeut bemüht sich dann, diese Menschen im richtigen
Umgang mit sich selbst zu fördern und hilft ihnen, ihre Fähigkeiten, ihre Wünsche und ihr Wollen zu erkennen.

Manche Menschen schließlich leiden weder an ihrer Vergangenheit noch an der Unkenntnis ihrer Fähigkeiten. Sie leiden, wie bereits beschrieben, darunter, dass sie keinen Sinn in ihrem Leben sehen. Ihr Problem ist die Orientierungslosigkeit. »Sie haben zwar alles, wovon sie leben können, aber nichts, wofür sie leben könnten«, formulierte Frankl das Problem. In solchen Fällen sucht der Therapeut gemeinsam mit dem Klienten nach neuen Möglichkeiten einer sinnvollen Lebensgestaltung. Sind diese Möglichkeiten gefunden, ist es die Aufgabe des Therapeuten, bei der Umsetzung zu helfen. In dieser Phase spricht man auch von *Logotherapie.*

Es gibt verschiedene Wege, wie sich Sinn finden lässt. Zunächst einmal kann das Leben dadurch sinnvoll werden, dass man eine Tat setzt oder ein Werk schafft. Dabei ist es unerheblich, wie der Rest der Menschheit dieses Werk beurteilt. Von karitativen Aktionen bis zu Kunst, von Gartenarbeit bis zu Tangotanzen – fast alles kann unserem Leben Sinn verleihen und uns einen glücklichen Platz auf der Welt finden lassen. Und es ist völlig unerheblich, ob das Werk nützlich, sinnvoll, schön oder einfach vergnüglich ist.

Sinn entsteht auch, wenn man etwas oder jemanden in seiner Einmaligkeit und Einzigartigkeit erlebt, also indem man liebt. Im Dienst an einer Sache oder in der Liebe zu einem Menschen kann man Sinn finden und sich selbst verwirklichen. Das vorhin geschilderte Beispiel von Frankls Kollegen zeigt, dass sich auch dort, wo jemand mit einem unabänderlichen Schicksal konfrontiert ist, wie zum Beispiel dem Tod eines geliebten Menschen, das Leben noch immer sinnvoll gestalten lässt.

Ein anderes Beispiel, von dem Frankl berichtet, handelt vom Schicksalsschlag einer schweren Krankheit.

Einem angesehenen Juristen musste wegen eines Gefäßverschlusses ein Bein amputiert werden. Nachdem er die Operation gut überstanden hatte, konnte er unter Frankls Assistenz bald die ersten Gehversuche auf Krücken unternehmen. Plötzlich brach der Mann in Tränen aus und weinte wie ein Kind. »Das halte ich nicht aus – so ein Leben als Krüppel hat doch keinen Sinn!« Frankl sah ihn an und fragte: »Haben Sie etwa die Absicht, Kurz- oder Langstreckenläufer zu werden und als solcher Karriere zu machen?« Der Angesprochene verneinte natürlich erstaunt. »Dann nämlich«, fuhr Frankl fort, »würde ich Ihre Verzweiflung verstehen; dann hätten Sie natürlich ausgespielt, dann wäre Ihr weiteres Leben, ein Weiterleben für Sie sinnlos. Weder als Kurz- noch als Langstreckenläufer kommen Sie noch in Frage. Sollte aber für einen Menschen, der sein ganzes Leben höchst sinnvoll gestaltet hat, der vieles erreicht hat und der sich in der Fachwelt einen Namen geschaffen hat – also für einen Mann wie Sie – das Leben bloß deshalb seinen Sinn verloren haben, weil er ein Bein verloren hat?« Der erfolgreiche Anwalt war tatsächlich ein kluger Mann – und lächelte.

Die Grundthese der Logotherapie – nämlich dass in jeder Lebenssituation Sinn zu finden sei – ist keine bloße Annahme, sondern durch eine ganze Reihe von wissenschaftlichen Untersuchungen erhärtet worden.

Entspannt bleiben

Im ersten Abschnitt dieses Buches wurde öfter auf den Zusammenhang zwischen der Fähigkeit, sich gezielt zu entspannen und einer Besserung oder sogar Heilung seelischer Leiden hingewiesen. In diesem Kapitel werden deshalb zwei sehr wirksame Entspannungsübungen beschrieben, die der Leser zum Teil mit ein wenig Training auch selbst durchführen kann: die Muskelentspannungsmethode nach Jacobson und das Autogene Training. Um das Autogene Training rasch und fehlerfrei zu erlernen, sollte es unter Anleitung eines Therapeuten eingeübt werden.

Das Autogene Training

Das Autogene Training ist eine Methode zur Entspannung, mit deren Hilfe man die vegetativen (also nicht dem Willen unterworfenen) Körperfunktionen ins Gleichgewicht bringen kann. In der Medizin wird das Autogene Training immer öfter zur Behandlung nervöser Störungen, psychischer Fehlhaltungen und so genannter funktioneller Erkrankungen (d. h. eine Störung, bei der sich keine organische Ursache feststellen lässt) eingesetzt. Nicht selten ist es die einzige verbleibende Möglichkeit, Menschen von Kontaktstörungen, Angst, Schlaflosigkeit, Depressionen, Kopfschmerzen, Herzbeschwerden, Bluthochdruck oder Magengeschwüren zu befreien.

Das vegetative Nervensystem

Verantwortlich für die Vermittlung zwischen Körperlichem und Seelischen ist das so genannte *vegetative Nervensystem,* das für die lebenserhaltenden Vorgänge im Organismus sorgt, ohne dass wir daran denken müssen. Es besteht aus einem Steuerungszentrum, das sich im Gehirn befindet, und aus zwei von dort ausgehenden großen Nervensträngen, die den ganzen Körper durchziehen und in ihrer Funktion Gegenspieler sind: dem *Sympathikus* und dem *Parasympathikus.* Diese zwei Teilsysteme steuern die vegetativen, nicht dem Willen unterworfenen Funktionen unseres Körpers, indem sie Herz und Kreislauf, Atmung, Verdauung, Wasser- und Wärmehaushalt, aber auch etwa den Tränenfluss unter dem Einfluss von Gemütsbewegungen, selbstständig regulieren.

Impulse des Sympathikus aktivieren unsere Energien und Reserven, wenn wir Kraft benötigen wie bei Stress oder Aktivität und machen uns fit für Leistung. Impulse des Parasympathikus hingegen fördern Ruhe, Entspannung und Schlaf und sorgen für die Wiedergewinnung der verbrauchten Energien.

Sympathikus und Parasympathikus müssen immer wieder zu einem gut ausgewogenen Gleichgewicht zurückfinden, wenn es nicht zu Störungen der Organfunktionen kommen soll. Belasten wir unseren Organismus ständig durch anhaltende emotionelle Spannungen, dauernden Stress oder durch Mangel an Entspannung, so wird unser vegetatives Nervensystem überfordert. Es gerät aus dem Gleichgewicht und beginnt falsch zu arbeiten. Als Folge kommt es zu Regulationsstörungen und zu den so genannten *funktionellen Erkrankungen,* die eine eigene Krankheitsgruppe in der Medizin darstellen. Aus solchen funktionellen Erkrankungen, bei denen primär nur die Funktion eines vorerst noch gesunden Organs gestört ist, entstehen im Laufe der Zeit sehr leicht bleibende organische Schäden, die auch als psychosomatische Erkrankungen bekannt sind.

Der deutsche Nervenarzt Johannes Heinrich Schultz, der das Autogene Training nach zahlreichen Beobachtungen und Experimenten in den 1930er Jahren entwickelt und in die Medizin eingeführt hat, nennt es eine Methode der *konzentrativen Selbstentspannung.* Schultz kam zu der Erkenntnis, dass Entspannung sich erlernen lässt. Seine Technik ermöglicht, sich mit genau vorgeschriebenen Übungen in eine tiefe, wohltuende Entspannung zu versenken, in der man innerhalb weniger Minuten neue Kräfte aufbauen kann. Indem wir auf Entspannung, Ruhe und Erholung umschalten, beeinflussen wir unser vegetatives Nervensystem und bringen die von ihm regulierten Körperfunktionen in ein physiologisches Gleichgewicht.

In welchem Maß anhaltende emotionelle Spannungen oder Mangel an Entspannung die normalen Funktionen unseres Organismus in Unordnung bringen, zeigt besonders das Beispiel der nervösen Schlafstörungen. Häufig kommt es vor, dass Menschen nach einem hektischen Arbeitstag am Abend todmüde ins Bett sinken und sich dann vergebens bemühen einzuschlafen. Aber wie andere unwillkürlich ablaufenden

Funktion unseres Organismus lässt sich auch das Einschlafen nicht einfach erzwingen. Der erlösende Zustand »Schlaf« wird erst möglich, wenn das vegetative Nervensystem unseren ganzen Organismus auf Parasympathikus, also auf Ruhe, Entspannung und Erholung umschaltet.

Die konzentrative Selbstentspannung des Autogenen Trainings hat den Sinn, uns dieses Umschalten im seelischen und vegetativen Bereich jederzeit innerhalb weniger Augenblicke zu ermöglichen. Das Verfahren beruht darauf, dass bestimmte bildhafte Vorstellungen nach wiederholter Übung zu ganz bestimmten körperlichen und seelischen Reaktionen führen. Diese Erkenntnis ist nicht neu. Ähnlich wie die bildhafte Vorstellung einer Lieblingsspeise vermehrten Speichelfluss auslöst, gelingt es im Autogenen Training, durch bestimmte Vorstellungen unwillkürliche Körperfunktionen zu beeinflussen. Mit genau vorgeschriebenen Übungsformulierungen, die verschiedenen Körpergebieten zugeordnet sind, erzielen wir eine tiefe Entspannung der Muskulatur, der Blutgefäße und anderer Organe und bauen stufenweise eine vollkommene Entspannung des gesamten Organismus auf. Durch diese Umschaltung zügeln wir überschießende vegetative Impulse, harmonisieren unsere Organfunktionen und damit unseren ganzen Organismus.

Regelmäßiges Autogenes Training fördert das Gleichgewicht des vegetativen Nervensystems und verhindert seine Entgleisung. Beim Gesunden führt regelmäßiges Üben zu einer allgemeinen Beruhigung und Entkrampfung, Vertiefung des Schlafes, Steigerung der Konzentration, der Aufmerksamkeit und des Gedächtnisses und letztlich zu einer Erweiterung der psychischen Spannkraft und Leistungsfähigkeit. Ist das harmonische Zusammenspiel zwischen Sympathikus und Parasympathikus jedoch bereits gestört, stellt konsequentes autogenes Training das körperliche Gleichgewicht in kurzer Zeit wieder her. Bereits das Erzielen tiefer Ruhe kann vielfach nervöse Störungen wie Verkrampfungen, Angst, Nervosität, Sexualstörungen, Sucht, Schlaflosigkeit und reaktive depressive Verstimmungen normalisieren.

Das Autogene Training besteht aus sechs Teilübungen – zwei allgemeinen Übungen und vier spezifischen Organübungen –, die stufenweise die erwünschte tiefe Entspannung herstellen.

Das gezielte Organtraining dient in erster Linie der speziellen Behandlung nervöser Organstörungen und funktioneller Erkrankungen. Dazu gehören unter anderem Herz-Kreislauf-Erkrankungen, nervöse funktionelle Störungen von Magen und Darm aber ebenso Migräne, Kopfschmerzen und Konzentrationsstörungen, die durch Änderungen der Hirndurchblutung bedingt sind.

Um dem Mechanismus der Entspannung auf die Spur zu kommen, hypnotisierte Schultz freiwillige Versuchspersonen und untersuchte dabei, was passiert, wenn sich ein Mensch entspannt. Unter anderem befragte er die Versuchspersonen auch nach ihren Empfindungen. Fast alle berichteten, dass ihre Arme und Beine schwer würden, schließlich der ganze Körper, und dass sie gleichzeitig von einer angenehmen Wärme durchströmt würden. Schultz folgerte daraus, dass die Schwereempfindung und das Wärmegefühl dann eintreten, wenn die Muskeln des Körpers und die Blutgefäße entspannt sind.

Da das Schwereempfinden als erste Empfindung angegeben wurde, schloss Schultz, dass die Muskelentspannung auch der erste Schritt zur vollkommenen Entspannung des Organismus sein müsse. Die *Schwereübung* zur Entspannung der Muskeln ist demnach die erste Übung.

An zweiter Stelle hatten die befragten Versuchspersonen von einer angenehmen Wärme berichtet, die zuerst die Extremitäten und dann den ganzen Körper erfasst. Eine solche Wärmeempfindung tritt auf, wenn die Blutgefäße an der Peripherie des Körpers sich entspannen und erweitern, wodurch es zu einer stärkeren Durchblutung dieser Körperbereiche kommt. Die *Wärmeübung* zur Entspannung der Blutgefäße ist die zweite Übung.

Schultz stellte bei seinen Beobachtungen auch fest, dass sich der Herzschlag verändert, sobald eine Entspannung eintritt. Die *Herzübung* zur Regulierung des Herzschlages ist die dritte Übung.

Besonders wichtig ist die Atemeinstellung. Dabei gibt sich der Übende ganz der Atmung hin und vermeidet jedes bewusste Atmen. Die *Atemübung* ist die vierte Übung.

Die nächste Übung hat zum Ziel, die Gegend um den Plexus Solaris, also das Sonnengeflecht, gut zu durchbluten. Das Sonnengeflecht ist ein Geflecht von lebenswichtigen Nerven, das die Bauchorgane reguliert. Es befindet sich im Oberbauch, ungefähr in der Mitte zwischen Nabel und Brustbeinansatz. Die *Oberbauchübung* oder auch die *Sonnengeflechtsübung* ist die fünfte Übung.

Die letzte Übung bezweckt ein Kühlerwerden der Kopfregion. Der Kopf soll dabei ein wenig kühler werden als der übrige Körper, der nun warm durchblutet ist. Die *Kopfübung* oder auch die *Stirnübung* ist die sechste Übung.

Die Übungen sollten in einem ruhigen Raum und in bequemer, nicht einengender Kleidung entweder im Liegen, im Sitzen oder in der so genannten »Droschkenkutscherhaltung« durchgeführt werden: Man sitzt mit nach vorn gebeugtem Kopf auf den Gesäßknochen, die Beine leicht gespreizt, ohne jedoch nach vor zu kippen, die Unterarme ruhen dabei locker auf den Oberschenkeln.

Nach Beendigung der Übungen ist es besonders wichtig, noch eine kurze Zeitspanne in der entspannenden, wohltuenden Stimmung zu verharren und sich dann aus der tiefen, ungesteuerten Versenkung mit einem bestimmten Ritual, dem so genannten »Zurücknehmen«, wieder in die Wirklichkeit zurückzuholen.

Wer die Übungen des Autogenen Trainings wirklich beherrscht, kann in ganz kurzer Zeit eine tiefe Entspannung und echte Erholung erreichen. Meist dauert es sechs bis neun Monate, bis sich der gewünschte Erfolg einstellt, vorausgesetzt man übt konsequent dreimal täglich. Auch wenn man sich nicht verspannt fühlt, sollte das Autogene Training weiterhin geübt werden, weil es zum allgemeinen Wohlbefinden beiträgt und prophylaktisch wirksam bleibt.

Nach einiger Zeit des Übens kann man so genannte *formelhafte Vorsatzbildungen* in die Übungen einarbeiten. Solche Vorsätze, die ähnlich wie eine Selbsthypnose wirken, sollen positiv sein und keine inneren Spannungen erzeugen. Ihre Inhalte, die sich auf die Beherrschung bestimmter Situationen beziehen, können mithelfen, fehlerhaftes Verhalten oder Beschwerden, wie beispielsweise Rauchen, übermäßiges Essen, Ängste, Hemmungen oder Schmerzen zu überwinden. Einen extremen Beweis für die enorme Wirkung solcher Vorsatzbildungen erbrachte der Hamburger Arzt und Sportler Hannes Lindemann. Mit ihrer Hilfe gelang es ihm 1956, ganz allein in 72 Tagen und Nächten den Atlantik in einem Serienfaltboot zu überqueren. Sein Experiment brachte neue Erkenntnisse über die Möglichkeiten des Überlebens Schiffbrüchiger.

Oft wird die Frage gestellt, wodurch sich das Autogene Training von fernöstlichen meditativen Methoden, besonders von Yoga, unterscheidet. Yoga ist eine indische Geistesrichtung. Mit Hilfe bestimmter Körperübungen und innerer Sammlung kann man auf diesem Weg zu einem höheren Bewusstseinszustand gelangen.

Die Ärztin Gisela Eberlein hat das Autogene Training in einem ihrer Bücher als das »Yoga des Westens« bezeichnet, »das frei von den im Yoga bekannten körperlichen Übungen ist, jedoch gleich in der Versenkung auf dem Weg vom Ich zum Selbst«.

Wichtig: Autogenes Training muss unbedingt unter Anleitung eines erfahrenen Therapeuten oder Trainers erlernt werden. Auf keinen Fall sollten Sie versuchen, sich die Technik durch »Selbstprobieren« anzueignen. Obwohl die einzelnen Übungen sehr leicht erscheinen, können falsch ausgeführte Übungen zu sehr unangenehmen Begleiterscheinungen führen.

Die Entspannungs-Methode nach Jacobson

Auch der amerikanische Internist und Physiologe Edmund Jacobson lehrte seine Patienten, sich mit Hilfe verschiedener Übungen systematisch zu entspannen. Er ließ der eigentlichen Entspannungstechnik einige Übungen vorausgehen, die dem Übenden klarmachen sollten, was mit Muskelspannung gemeint ist: Nicht die willkürliche Anspannung etwa beim Strecken oder Dehnen der Gelenke oder ähnliches, sondern das, was man in »gewöhnlichem Zustand« an Spannung spürt, etwa beim Schließen der Augenlider oder beim Zusammenziehen der Mundmuskulatur. Die darauf folgenden Übungen dienen dann dazu, von einem Zustand der Anspannung in einen Zustand der Entspannung zu gelangen.

Jacobson entwickelte eine Technik, die sich in sechs Schritte gliedert und von jedem Laien leicht nachzuvollziehen ist. Sie eignet sich auch besonders bei Schlafstörungen.[20]

Erster Schritt: Das Entspannen der Arme
Übung 1
Legen Sie sich auf den Rücken, und schließen Sie die Augen. Die Beine sollten nicht übereinandergeschlagen werden. Versuchen Sie, sich nicht zu bewegen oder zumindest so wenig wie möglich. Natürlich ist diese Haltung jetzt noch nicht entspannt – dazu dient das Sechs-Schritte-Programm. Wenn Ihnen diese Übung keine Probleme bereitet, bleiben Sie 30 Minuten so liegen. Können Sie leicht und ruhig still liegen, üben Sie weitere 15 Minuten.

Übung 2
Legen Sie sich auf den Rücken, und schließen Sie die Augen; schlagen Sie aber nicht die Beine übereinander. Heben Sie den rechten Arm, und ballen Sie die

Faust. Achten Sie auf das Gefühl der Spannung im ganzen Arm. Nun lassen Sie den Arm fallen, öffnen die
Faust und halten die Finger zwanglos gerade. Gönnen
Sie sich einige Minuten der Ruhe. Wiederholen Sie diesen Vorgang noch zweimal. Bleiben Sie anschließend
noch 20 bis 40 Minuten liegen.

Übung 3

Führen Sie Übung 2 nochmals mit beiden Armen
gleichzeitig aus.

Zweiter Schritt: Das Entspannen der Beine

Übung 1

Sie liegen auf dem Rücken, die Augen geschlossen, die
Beine nicht gekreuzt. Wenn möglich bleiben Sie 50 Minuten so liegen. Dann beugen Sie die Füße nach unten
(Anspannen des Ristes), ebenso die Zehen. Die Knie
werden dabei nicht gebeugt. Nach einigen Sekunden
lassen Sie locker und ruhen einige Minuten aus. Diese
Übung wiederholen Sie noch zweimal.

Übung 2

Wie oben, allerdings werden Füße und Zehen nur langsam wieder entspannt. Sie lernen »langsam loszulas-
sen«.

Übung 3

Führen Sie Übung 2 aus und fühlen Sie bewusst – wenn
Sie die Füße nach der Anspannung wieder locker lassen – wie sich beim Entspannen der Füße auch die unwillkürlich angespannten Arme mit entspannen.

Dritter Schritt: Die Atmung

Sie liegen auf dem Rücken oder, wenn dies angenehmer ist, auf der Seite. Sie halten die Augen geschlossen. Bleiben Sie zunächst zehn Minuten lang ruhig liegen. Danach atmen Sie zwei bis dreimal etwas tiefer als gewöhnlich. Achten Sie dabei auf das Gefühl, wie der Brustkasten beim Einatmen angespannt und wie er beim Ausatmen entspannt wird. Machen Sie sich diesen Wechsel bewusst.

Vierter Schritt: Das Entspannen der Stirn

Übung 1

Stellen Sie sich vor den Spiegel. Runzeln Sie die Stirn, und ziehen Sie die Augenbrauen hoch. Lassen Sie langsam wieder locker. Dann ziehen Sie die Augenbrauen so weit wie möglich zusammen und lassen langsam wieder locker.

Übung 2

Sie legen sich hin und schließen die Augen. Runzeln Sie die Stirn, und lassen Sie langsam wieder locker. Danach ziehen Sie die Augenbrauen sehr langsam zusammen und entspannen sie auch langsam wieder.

Übung 3

Achten Sie darauf, wie beim Runzeln der Stirn und beim Zusammenziehen der Augenbrauen nicht absichtlich, aber unwillkürlich, die Arme, die Beine und der Brustkasten ebenfalls angespannt und wieder entspannt werden.

Fünfter Schritt: Das Entspannen der Augen
Übung 1

Sie liegen auf dem Rücken, die Augen sind geöffnet. Blicken Sie nach rechts, halten Sie die Augen etwa eine halbe Minute so, und erleben Sie die Spannung. Lassen Sie die Augen dann zurückgehen, ohne sie dabei auf ein bestimmtes Objekt zu richten. Entspannen Sie die Augenmuskeln. Dann blicken Sie nach links, etwa eine halbe Minuten lang, dann entspannen Sie wieder. Wiederholen Sie die Übung, indem Sie nach oben bzw. nach unten blicken.

Übung 2

Während des Anspannens und Entspannens der Augen fühlen Sie, wie die angespannten Arme, Beine, Brustkorb und Stirn ebenfalls entspannt werden.

Sechster Schritt: Entspannung der Muskeln der Sprechorgane

Bei diesen Übungen dürfen Sie liegen, wie Sie wollen. Sie müssen allerdings die Augen geschlossen halten.

Übung 1

Zählen Sie laut bis zehn, und achten Sie dabei auf die Tätigkeit Ihrer Zunge, der Lippen, der Kiefer, des Halses und des Brustkastens. Dann werden die betreffenden Muskelgruppen drei oder vier Minuten lang entspannt. Zu diesem Zweck hören Sie auf zu sprechen und machen sich die nun eintretende Entspannung bewusst. Wiederholen Sie diese Übung noch zweimal.

Übung 2

Zählen Sie nicht mehr laut, sondern nur halblaut, etwas später dann murmelnd, und schließlich schweigen Sie zur Entspannung.

Übung 3

Sie zählen nun völlig lautlos. Das heißt, Sie stellen sich das Zählen nur vor. Wenn Sie mit dem Zählen aufhören, versuchen Sie sich bewusst zu machen, wie – obwohl Sie gar nicht gesprochen haben – eine Entspannung der Sprechorgane eintritt.

Diese Übungen eignen sich besonders bei hartnäckiger Schlaflosigkeit. In diesem Fall üben Sie jeden Schritt etwa eine Woche lang. Gelingt es Ihnen dann immer noch nicht, Schlaf zu finden, haben Sie wahrscheinlich nicht intensiv genug geübt. Da diese Übungen auch das vegetative Nervensystem stabilisieren, sind sie auch zur Vermeidung nervöser Zustände und zur Bearbeitung von Verspannungen in bestimmten Körperregionen – etwa im Nacken-, Schulter- oder Rückenbereich – äußerst nützlich. In letzterem Fall konzentrieren Sie sich vor allem auf die Übungen für die entsprechenden Regionen.

Sie können die Übungsdauer verkürzen, indem Sie jeweils nur mit jenen Muskelgruppen üben, die verkrampft sind, oder sofort mit beidseitigen Übungen beginnen. Schließlich können Sie die vorgegebenen Ruhezeiten verkürzen, wenn Sie mit zunehmender Übung feststellen, dass Sie die innere Ruhe und Entspannung schon in kürzerer Zeit erreichen.

Psychotherapie – Hilfe für die Seele

Im letzten Kapitel dieses Buches stellen wir Ihnen in geraffter Form einige wichtige psychotherapeutische Verfahren vor. *Psychotherapie* bedeutet »Behandlung der Seele« und ist ein Sammelbegriff für eine Vielzahl psychologischer Methoden. Sie dienen dazu, Störungen des Erlebens und Verhaltens, wie sie im ersten Teil dieses Buches beschrieben wurden, zu beheben und zu heilen. Einige der Grundprinzipien, die bei den verschiedenen Therapieformen angewandt werden, können auch im täglichen Leben sehr nützlich sein, wenn man mit ihnen richtig umgeht. Daher wurde die in der Verhaltenstherapie bei Angstzuständen angewandte Desensibilisierungstechnik im Kapitel über die Angst vorgestellt. Im Kapitel über die Kommunikation wurden die Grundlagen der Transaktionsanalyse erläutert, die sehr hilfreich sind, wenn man Beziehungsmuster verstehen und die Kommunikation mit den anderen verbessern möchte.

Anzumerken ist noch, dass es nicht die »richtige« Therapie bei einem bestimmten Problem gibt. Jeder Mensch ist anders, und bei jedem führt ein anderer, individueller Weg zum Ziel. Es spricht vieles dafür, dass der Erfolg einer Psychotherapie letztlich nicht von der Methode, vom fachlichen Wissen oder der angewandten Technik abhängt, sondern vielmehr von der Fähigkeit des Therapeuten zur *Introspektion*[21] und seiner

Bereitschaft, sich so in eine persönliche Beziehung einzulassen, dass sich der Patient darin frei entfalten kann. Mit einfachen Worten: Die Chemie zwischen Therapeut und Klient muss stimmen.

Tafel IV: Wem kann psychotherapeutische Beratung helfen?[22]

Wenn einer der folgenden Sätze für Sie zutrifft, ist es sinnvoll, sich professionell beraten zu lassen. Vor allem, wenn die Belastung schon länger anhält oder das Problem Ihre Lebensqualität beeinflusst.

- Ich bekomme manchmal rasendes Herzklopfen und Angst, dass ich glaube, sterben zu müssen.
- Ich fühle mich krank, aber es gibt keinen medizinischen Befund.
- Mir gelingt es nicht oder ich vermeide es, Dinge zu tun, die ich eigentlich gerne tun würde.
- Ich habe Angst vor Kontakt mit anderen/großen Plätzen/ engen Räumen/Autoritäten/bestimmten Tieren/Krankheiten ...
- Ich habe häufig Probleme beim Ein- und Durchschlafen.
- Ich plage mich oft mit Gedanken, über die es schwierig ist, mit anderen zu sprechen (Alpträume, Stress-, Schuld-, Hassgefühle, ...)
- Ich fühle mich lustlos, erschöpft und ständig überfordert.
- Ich befinde mich in einer belastenden Umbruchsituation (Tod, Arbeitslosigkeit, Scheidung, Trennung, Unfälle ...)

- Ich bin oft niedergeschlagen und habe keine rechte Freude am Leben.
- Ich denke manchmal an Selbstmord oder verletze mich selbst.
- Ich lebe in einer schwierigen Beziehung – sie nimmt mir die Luft zum Atmen, sie ist nicht mehr das, was sie einmal war oder werden sollte.
- Ich bin süchtig nach: Alkohol/Drogen/Essen/Hunger/Liebe/Spielen ...
- Gewalt ist bei mir ein Thema – gegen mich selbst oder andere.
- Ich kann bestimmte Verletzungen oder Erfahrungen in meinem Leben einfach nicht vergessen.
- Ich kann ohne bestimmte Rituale (z. B. ständiges Waschen, Zusperren ...) nicht leben, obwohl diese mein Leben sehr einengen.
- Ich möchte meine Fähigkeiten und mein Potential besser ausschöpfen – ich weiß aber nicht, wo ich damit beginnen soll.
- Ich möchte meine Beziehungen verbessern, habe aber immer wieder die gleichen Probleme in diesem Bereich. Ich werde eigentlich gebraucht – aber ich fühle mich damit häufig überfordert.
- Ich kann meine Sexualität nicht so ausüben, wie mir das wichtig wäre.
- Ich kann mich oft nicht entscheiden. Schon seit längerer Zeit belasten innere Spannungen meine Lebensfreude, meine Lust am Leben schwindet und/oder die Welt, so wie

sie ist, und der Sinn meines Lebens erscheinen mir frag-
würdig.

- Eine neue Lebenssituation wirft für mich plötzlich völlig neue Fragen auf, zu denen ich im Moment keine Antworten finden kann.
- Die Stimmung in der Familie ist schon seit längerer Zeit schlecht, angespannt.
- Schwierigkeiten mit den Kindern wachsen mir/uns zunehmend über den Kopf.

Die klassische Psychoanalyse

Die Psychoanalyse ist die älteste, traditionsreichste und sicherlich die am gründlichsten durchgearbeitete aller psychotherapeutischen Methoden. Die Psychoanalyse hat nahezu alle der heute gängigen Formen der Psychotherapie angeregt. Ihre wissenschaftlichen Grundlagen wurden Anfang des 20. Jahrhunderts von Sigmund Freud entwickelt. Sie beruht im Prinzip auf der These, dass neurotische Störungen auf die Verdrängung von inneren Konflikten zurückzuführen sind. Die Aufgabe der Psychoanalyse ist es, solche neurotischen Konflikte beim Patienten aufzuspüren, sie auf ihre meist frühkindliche Herkunft zu untersuchen und schließlich zu lösen.

Freud fühlte sich dem Objektivitätsideal der Naturwissenschaft verpflichtet und erklärte die Psychoanalyse zur Naturwissenschaft. Damit wollte er ihr den gleichen Respekt verschaffen, den die naturwissenschaftlichen Disziplinen seiner Zeit genossen. Er war von Anfang an überzeugt, dass die psychoanalytische Arbeit aus Techniken besteht. Der Psychothe-

rapeut erfüllt dabei vor allem die Funktion einer Projektions-
fläche und darf sich nicht selbst in die Therapie einbringen.
Die klassische Psychoanalyse versteht die therapeutische Beziehung vor allem als Übertragungsbeziehung – und nicht
als reale Beziehung zweier Menschen. Frühkindliche Einstellungen zu Vater und Mutter oder anderen Personen werden
durch Übertragung *(siehe Seite 172)* auf den Psychoanalytiker
projiziert. Dadurch werden Grundkonflikte ersichtlich, die
der Klient mit seinen früheren Bezugspersonen erlebt hat
und die dann in der Analyse aufgearbeitet werden können.

Die klassische Psychoanalyse arbeitet etwa so: Der Patient
liegt auf einer Couch, der Therapeut, auch *Psychoanalytiker*
genannt, sitzt hinter ihm. Der Patient erzählt, was ihm so alles durch den Kopf geht und was ihm zu bestimmten Situationen oder auch zu Träumen einfällt. Dabei soll er möglichst
frei und offen sein. Diese Form des Erzählens bezeichnet die
Psychoanalyse als die *freie Assoziation*. Dabei kommen immer
wieder bestimmte Themen, die dem Patienten einfallen und
für ihn eine besondere Rolle spielen, zur Sprache. Bisweilen
stellt der Therapeut Fragen zu den besprochenen Themen,
um sich ein Bild vom »seelischen Knoten« des Patienten zu
machen. Die wichtigste Aufgabe des Therapeuten besteht darin, dem Patienten während der Analyse Deutungen für seine
aus dem Unbewussten stammenden Einfälle, seine Träume
und sein Konfliktverhalten anzubieten. Das Wissen um die
Ursachen seiner Schwierigkeiten und das Erkennen bisher
unbewusster Zusammenhänge führen schließlich zu einer
Verhaltens- und Einstellungsänderung des Patienten.

Man darf sich unter einer Analyse allerdings nicht eine Art
plötzliches »Aha-Erlebnis« vorstellen. Eine Psychoanalyse ist

vielmehr ein langsamer, meist sehr mühsamer Lernprozess, der viel Geduld und Zeit sowie den Willen zur Erkenntnis voraussetzt. Das ist unter anderem allein schon daran zu erkennen, dass ein Patient bei einer klassischen Analyse drei bis fünf Stunden pro Woche über einige Jahre hinweg mit einem Therapeuten arbeitet.

Die Übertragung

Unter Übertragung im psychotherapeutischen Kontext versteht man das Phänomen, dass der Patient Gefühle, Erwartungen und Wünsche auf den behandelnden Psychotherapeuten projiziert. Dies geschieht in jeder Psychotherapie und in manchen psychotherapeutischen Schulen wird dieser Vorgang sogar als Voraussetzung für eine erfolgreiche Psychotherapie angesehen. In der klassischen Psychoanalyse gilt die Übertragung als ein unerlässliches therapeutisches Element, um Konflikte aus der Vergangenheit in der Gegenwart zu bearbeiten. Durch die Übertragung von Einstellungen, Gefühlen und Wahrnehmungen auf den Psychoanalytiker übernimmt dieser gewissermaßen die Rolle des Vaters, der Mutter oder auch einer anderen Person. Dadurch werden frühkindliche Grundkonflikte des Patienten erkennbar, die er mit seinen früheren Bezugspersonen erlebt hat. Im Zuge der psychoanalytischen Arbeit können auf diese Weise bewusst gewordene konfliktbehaftete Gefühle und Haltungen aufgearbeitet werden. Am Ende der Therapie muss die Übertragung allerdings aufgelöst werden, um die psychische Abhängigkeitsbeziehung zum Psychoanalytiker zu beenden.

Neuere Entwicklungen in der Psychoanalyse

Der Psychoanalytiker Heinz Kohut hat auf die große Bedeutung der *Empathie*[23] im psychoanalytischen Prozess hingewiesen. Für ihn ist Empathie nicht nur ein Mittel zum Erfassen innerpsychischer Prozesse, sondern auch in der Behandlung von *narzisstischen Persönlichkeitsstörungen* sehr wirksam, weil diese Art der therapeutischen Einfühlung das Selbstgefühl und die Fähigkeit des Patienten, sich seelisch zu stabilisieren, deutlich stärkt.

Narzisstischen Menschen mangelt es an Einfühlungsvermögen, sie haben ein ausgeprägtes Bedürfnis nach Bewunderung und sind überempfindlich gegenüber Kritik. Ihr Selbstwertgefühl ist meist nicht sehr stark, was sie mit dem Gefühl der eigenen Wichtigkeit und einem großartigen äußeren Erscheinungsbild zu kompensieren versuchen. Sie besitzen meist einen Blick für das Besondere, können in Schule, Beruf, Hobby tolle Leistungen bringen, haben oft sehr gute Umgangsformen und legen großen Wert auf Status. Neben einer gewissen Veranlagung spielt vor allem die Erziehung eine entscheidende Rolle bei der Entwicklung einer narzisstischen Persönlichkeit. Narzisstische Menschen haben meist wenig einfühlsame Eltern, die sie häufig schon als Kind überfordert haben. Solche Eltern verstärken bei ihren Kindern ein Verhalten, das die eigenen Fähigkeiten und die eigene Wertigkeit betont, anderen Menschen jedoch mit einer gewissen Intoleranz begegnet. Diese Selbstpräsentation entspricht aber der Wirklichkeit oft nicht einmal annähernd.

Heinz Kohut bezeichnet mit dem Begriff *Narzissmus* allerdings nicht nur eine krankhafte Bezogenheit auf sich selbst, sondern auch den Ausdruck gesunden Selbstwertes. Dem gesunden Narzissmus eines starken, lebensfähigen Selbst, das seine Fähigkeiten erweitern und seine Bedürfnisse befriedigen will, stellt er den pathologischen Narzissmus eines schwachen Selbst gegenüber, das sich über vorgetäuschte Großartigkeit zu stabilisieren versucht. Dieses Modell erweiterte das Spektrum der psychoanalytisch behandelbaren Störungen und gilt heute als wesentliche Ergänzung zur Freud'schen Psychoanalyse.

Aufbauend auf Kohuts Werk und auf den Erkenntnissen der neueren Säuglings- und Kleinkindforschung entwickelte sich in den letzten Jahren die *intersubjektive Schule* der Psychoanalyse. Diese Richtung in der Psychoanalyse gründet auf den Arbeiten von Robert D. Stolorow, Bernard Brandchaft und George E. Atwood, die eine psychoanalytische Theorie und Behandlungspraxis formulierten, bei der es zu einem lebendigen Austausch zwischen Therapeut und Patienten kommt und die sich in wesentlichen Punkten von Freuds Konzept unterscheidet.

Der analytische Prozess stellt hier ein so genanntes *intersubjektives Feld* dar, was bedeutet, dass sich Psychoanalytiker und Patient wechselseitig beeinflussen und verändern. Der Psychoanalytiker versucht, den Patienten aus dessen Perspektive heraus zu verstehen und bezieht seinen eigenen biographischen Hintergrund in seine Haltung dem Patienten gegenüber mit ein. Der Patient wiederum versucht, sein Erleben und Verhalten auf eine konfliktärmere und weniger schmerzvolle Weise als bislang zu organisieren. Auch das Setting moderner psychoanalytisch ausgerichteter Psychotherapien unterscheidet sich von der klassischen Freud'schen Psychoanalyse erheblich. In zeitgemäßen Psychotherapien finden Sitzungen lediglich ein- bis höchstens zweimal wöchentlich statt, Psychoanalytiker und Klient sitzen einander dabei gegenüber.

Die Personenzentrierte Psychotherapie oder Gesprächstherapie

Die *Personenzentrierte Psychotherapie* oder *Gesprächstherapie* wurde im Wesentlichen vom amerikanischen Psychologen Carl Rogers entwickelt. Das Konzept dieser Therapieform basiert auf der Annahme, dass der Mensch die Fähigkeit besitzt, sich immer weiter zu entwickeln, reifer zu werden, also die Tendenz hat, sich selbst zu verwirklichen. Er ist demnach fähig, die Verantwortung für seine Gefühle, Ideen und Handlungen zu übernehmen und ist daher auch in der Lage, unter günstigen Umständen die in seinem Leben auftretenden Probleme selbst zu lösen.

In der Personenzentrierten Psychotherapie bezeichnet man den Hilfesuchenden nicht als Patienten, sondern als Klienten. In der Therapiestunde sitzen sich Therapeut und Klient gegenüber, der Therapeut verzichtet darauf, das Verhalten und Erleben des Patienten zu deuten. Er versucht vielmehr, die Gefühle und die Erlebnisinhalte, über die der Patient berichtet, in einer von emotionaler Wärme und Aufrichtigkeit bestimmten Atmosphäre widerzuspiegeln. Dadurch soll der Klient offener für seine eigenen Erfahrungen werden und fähig, Gefühle und Ereignisse bewusster wahrzunehmen und neu zu bewerten. Diese Grundeinstellung kann sich übrigens auch im Alltag im Umgang mit anderen gut bewähren und jedem helfen, sein Kommunikationsverhalten und seine Beziehungen zu verbessern.

Drei Punkte sind dabei besonderes wichtig[24]:

- Das *nicht wertende, einfühlende Verstehen* des anderen. Das bedeutet, dass der Therapeut versucht, die Dinge so zu sehen, wie der Klient sie erlebt, und dass er sich bemüht, auf seine Gefühle einzugehen. Er bewertet die Gefühle und Erfahrungen des Klienten nicht und sucht auch keine Erklärungen dafür. Seine Aufgabe besteht darin, die Welt aus der Sicht des Klienten zu sehen und seine Äußerungen mit eigenen Worten zusammenzufassen.

- Die *nicht an Bedingungen gebundene Wertschätzung und Gefühlswärme*. Der Therapeut respektiert den Klienten, unabhängig davon, welche Gefühle oder Erfahrungen er schildert. Er respektiert den Patienten als Menschen mit eigenem Wert und respektiert seine Individualität. Er kritisiert nicht, und er versucht auch nicht, das Verhalten und Erleben des Klienten zu verbessern oder abzuwerten. Er zeigt ganz im Gegenteil uneingeschränkte Wertschätzung für den Klienten mit seinen augenblicklichen Möglichkeiten, Fähigkeiten und Grenzen.

- Die *Echtheit:* Der Therapeut verhält sich ungekünstelt und ohne professionelles oder darüberstehendes Gehabe. Seine Äußerungen und sein Verhalten stehen in Übereinstimmung mit seinem Erleben. Der Therapeut ist in seinem Fühlen und Erleben in der Situation offen, sofern es für die Beziehung zum anderen von Bedeutung ist.

Durch diese Haltung und das daraus wachsende Vertrauen wächst die Bereitschaft des Gesprächspartners, seine unmittelbaren Gefühle auszudrücken.

Er setzt sich auch viel eher mit seinem Erleben und den

damit verbundenen Gefühlen auseinander und erlangt damit die Möglichkeit, Erfahrungen neu zu bewerten und neue Sichtweisen, auch in Bezug auf seine eigene Person, zu entwickeln.

Die Verhaltenstherapie

In der *Verhaltenstherapie* werden Neurosen nicht als Ausdruck eines unbewussten seelischen Konflikts oder als Folge einer Verdrängung betrachtet, sondern als ungünstiges Verhalten, dass irgendwann in der Vergangenheit eingelernt wurde. Die Verhaltenstherapeuten entwickelten daher Techniken, die es ermöglichen sollen, das ungünstige Verhalten wieder zu verlernen.

Eine der Techniken, die in der Verhaltenstherapie häufig angewandt wird, ist das bereits im Zusammenhang mit den verschiedenen Formen der Angst vorgestellte *Desensibilisierungstraining*. Diese Therapieform ist bei klar abgrenzbaren, noch nicht allzu lange bestehenden Verhaltensstörungen – wie etwa starke Ängste nach Unfällen – besonders erfolgreich.

Eine andere Technik der Verhaltenstherapie ist das so genannte *Lernen am Erfolg*. Dabei wird erwünschtes Verhalten belohnt und unerwünschtes Verhalten bestraft und auf diese Weise eine Verhaltensänderung bewirkt.

Ein sehr wirkungsvolles verhaltenstherapeutisches Modell zur Bewältigung sozialer Probleme ist das *Problemlösungstraining*, weil ein Patient dadurch lernt, besser mit Konflikten umzugehen. In der Praxis unterscheidet man dabei fünf Schritte, die gemeinsam mit einem Therapeuten bearbeitet werden:

1. Allgemeine Orientierung
2. Problemdefinition und Problembeschreibung
3. Aufstellen von alternativen Lösungsmöglichkeiten
4. Treffen einer Entscheidung
5. Überprüfen dieser Entscheidung

Die Existenzanalyse und die Logotherapie

Auf die Grundlagen der Existenzanalyse und der Logotherapie Victor Frankls wurde bereits im Kapitel »Dem Leben Sinn geben« (siehe Seite 146) eingegangen.

Die Existenzanalyse und die Logotherapie sehen den Menschen immer im Zusammenhang mit seinen jeweiligen Lebensumständen und bemühen sich, im therapeutischen Prozess besonders seine Lebensgeschichte zu erhellen. Aus der Erkenntnis seiner persönlichen Lage erlangt der Patient die Möglichkeit, neue Wertmaßstäbe zu entwickeln und seinen persönlichen Sinn des Lebens zu finden. In der Existenzanalyse geht es, vereinfacht gesagt, um *Lebensfindung* und in der Logotherapie um *Sinnfindung* oder sinnvolle Lebensgestaltung. Die besondere Stärke dieser Therapieform liegt in der Hilfe für die Bewältigung schwieriger, scheinbar unausweichlicher Lebensumstände.

Die Transaktionsanalyse

Einige wesentliche Grundlagen der *Transaktionsanalyse* nach Eric Berne wurden bereits in einem vorhergehenden Kapitel (siehe Seite 127) eingehend behandelt. Die Transaktionsanalyse ist nicht nur eine Methode, um unterschiedliche Interaktionsmuster zu erkennen, sondern auch ein wichtiges psychotherapeutisches Verfahren, das in sinnvoller Weise

Konzepte aus der Tiefenpsychologie, der Verhaltenstherapie und der humanistischen Psychologie verknüpft. Sie geht davon aus, dass jeder Mensch bereits in frühester Kindheit Entscheidungen darüber trifft, wie er leben und sterben wird. Diesen Lebensplan nennt man auch *Skript*. In ihm spiegeln sich die Grundeinstellungen, Beziehungsmuster und ständig wiederkehrenden Abläufe des eigenen Verhaltens wider. In der transaktionsanalytischen Therapie wird das individuelle Skript des Klienten analysiert und zu verändern versucht. Das Ziel der Therapie besteht letztlich darin, eine positive Grundhaltung im Sinne von »Ich bin okay, du bist okay« zu erreichen, um dadurch mit sich selbst und anderen offener umgehen zu können.

Die bioenergetische Analyse

Der *bioenergetischen Analyse,* die von Alexander Löwen, John Pierrakos und William Walling entwickelt wurde, liegen folgende Annahmen zugrunde:

- Es besteht ein grundlegendes Zusammenspiel von Körper und Seele. Löwen stützt sich dabei auf die Erkenntnisse des Psychoanalytikers Wilhelm Reich, der einen Zusammenhang zwischen bestimmten *Charakterhaltungen,* also seelischen Einstellungen, und *Muskelpanzern,* also körperlichen Verspannungen, hergestellt hat. Nach Reich äußert sich jede seelische Verspannung in einer Verspannung bestimmter Muskelpartien.
- Die Muskulatur kann durch andauerndes Zusammenziehen und Verkrampfen den Fluss der Gefühle hemmen. Tut sie dies über einen längeren Zeitraum und wird die Muskelspannung chronisch, dann entziehen sich die damit ver-

bundenen Emotionen und Gefühle dem Bewusstsein des Patienten. Infolge dieses Muskelpanzers wird der Ausdruck gehemmt oder ganz verhindert. So kann der Betroffene dann zum Beispiel nicht mehr weinen, weil das nur möglich ist, wenn seine Brust, sein Bauchraum, sein Kehlkopf sowie sein Mund- und Augenbereich von Verspannungen frei sind.

- Die Art und Weise wie wir atmen bestimmt das Ausmaß unserer seelischen Erregbarkeit. Wenn wir also etwa »vor Angst den Atem anhalten«, tun wir das, um das Gefühl der Angst zu unterdrücken. Wir können aber über den Atem ebenso auch andere Gefühle steuern, wie etwa Lust, Freude, Trauer oder andere Empfindungen.

- Weiters nimmt Löwen die Existenz einer dem Leben zugrunde liegenden Energie an, die er *Bio-Energie* nennt.

Wenn bestimmte Verhaltensweisen einmal fixiert sind, spricht Löwen von *Charakterstrukturen* oder Charaktertypen, deren Störungen sich in inadäquatem, unflexiblem Verhalten und verschiedenartigen Körper-Verspannungen ausdrücken. In der bioenergetischen Analyse wird der Patient zunächst in die Lage versetzt, sich seine Verspannungen bewusst machen zu können.

So äußern sich beispielsweise zurückgehaltene Aggressionen in einer Verspannung der Schulterpartie. Es werden daher die jeweiligen körperlichen Panzerungen genau untersucht, da sie die ungelösten seelischen Konflikte widerspiegeln. Um die unterdrückten Gefühle und damit die blockierte Muskulatur zu lösen, wird eine Vielzahl von unterschiedlichen Körperübungen durchgeführt. Dabei ist es Aufgabe des Therapeuten, Bedingungen zu schaffen, die ein echtes Ausleben der Gefühle möglich machen, ohne dass der Patient zu Schaden kommt.

Die Gestalttherapie

Die Gestalttherapie gehört zu den so genannten *erlebnisaktivierenden Psychotherapieverfahren.* Als Begründer gelten der Psychoanalytiker Fritz Perls, seine Frau Laura Perls und der Schriftsteller und Soziologe Paul Goodman. Im Mittelpunkt dieser Methode steht die Entwicklung und Förderung der *Awareness,* des Wahrnehmens und Spürens aller gerade vorhandenen und zugänglichen Gefühle, Empfindungen und Verhaltensweisen.

Damit soll der Kontakt des Patienten zu sich selbst und zu seiner Umwelt im »Hier und Jetzt« gefördert werden. Die Art und Weise, wie der Patient diesen Kontakt zu sich selbst und seiner Umwelt in bestimmten Situationen unterbricht oder vermeidet, gilt als wesentlicher Faktor beim Zustandekommen psychischer Störungen. Durch die Überwindung dieser Kontaktstörungen sollen die Selbstheilungskräfte des Patienten freigelegt und neue Einsichten, Erfahrungen und Verhaltensmöglichkeiten erschlossen werden. Bestimmte Übungen helfen dabei. Hier ein Beispiel für die »Der heiße Stuhl« genannte Technik.

Ein junger Mann hat Probleme mit seinem Vater. In der Therapiestunde stellt er sich vor, dass ihm sein Vater auf einem Stuhl gegenübersitzt. Er ist nun aufgefordert, diesem alles mitzuteilen, was er sich ihm unter normalen Umständen nicht mitzuteilen traut. Nachdem er ihm seine Gefühle und Bedürfnisse dargelegt hat, setzt er sich auf den Stuhl des Vaters und versucht, den Standpunkt des Vaters zu seinen Aussagen wiederzugeben. Die dabei entstehenden Emotionen können therapeutisch aufgearbeitet werden.

Trotz heftiger Kritik an der Psychoanalyse blieb Perls diesem Ursprung insofern treu, als es in der Gestalttherapie in gleicher Weise um die Analyse und das Durcharbeiten der verschiedenen Widerstände geht, die Kontakt, Einsicht und Veränderung entgegenstehen.

Die Systemische Therapie

Die Wurzeln des systemischen Ansatzes liegen schon in der frühen Geschichte der Psychotherapie. Während man sich zu Beginn der Psychotherapie vor allem der Einzelperson zuwandte, rückte bereits in den 1950er Jahren auch die Familie verstärkt in den Blickpunkt des Interesses.

Vor allem in der Behandlung der Schizophrenie wurde an unterschiedlichen Instituten mit familientherapeutischen bzw. systemischen Konzepten gearbeitet. Daraus entwickelte sich die *Systemische Therapie* bzw. *Familientherapie* mit ihren unterschiedlichen Ausprägungen. Grundlage der Systemischen Therapie ist die Annahme, dass psychische Probleme als Symptom in größeren Systemen entstehen, also etwa auch in Familien oder Gruppen. Sie sind daher nur im größeren Zusammenhang versteh- und veränderbar, auch wenn Einzelpersonen als »Symptomträger« auftreten. Die Systemische Therapie kann als eigene Methode angewandt werden, oft wird sie aber auch in andere Therapieformen integriert. Man spricht dann von tiefenpsychologischen, humanistischen oder verhaltenstherapeutischen Formen der Familientherapie.

Eine kurze Schlussbemerkung

Im vorliegenden Buch haben Sie eine Menge praktischer Anregungen, Hinweise und Erklärungen erhalten. Gleichzeitig haben wir aber immer wieder darauf hingewiesen, dass es in sehr vielen Fällen unerlässlich ist, einen Fachmann/eine Fachfrau zu konsultieren. So wie man im Falle eines größeren Motorschadens nicht selbst herumbastelt, sondern das Auto zum Mechaniker stellt und im Falle eines Wasserrohrbruches einen Installateur holt, sollte man nicht an der eigenen Psyche oder der seiner Mitmenschen herumbasteln. Immerhin sind ein Mensch und seine Psyche bedeutend komplizierter aufgebaut als ein Auto oder eine Wasserleitung.

Wir hoffen aber, dass Ihnen dieses Buch neue Anstöße vermitteln und Sie zum Nachdenken anregen konnte. Sie haben Einblick in das vielschichtige Zusammenspiel der seelischen Kräfte erhalten.

Sie haben Krankheiten kennen gelernt, die sich einstellen, wenn dieses Gleichgewicht gestört wird. Und Sie haben erfahren, welche Möglichkeiten es gibt, einer gekränkten Seele zu helfen und sie wieder zu heilen. Wer einmal versteht, wie leicht dieses Gleichgewicht gestört werden kann, wird auch in der Lage sein, für sich und seine Mitmenschen die Geduld und das Verständnis aufzubringen, das für ein positives Zusammenleben nötig ist.

Vielleicht hat Sie die eine oder andere psychologische Technik auch besonders angesprochen.

Im Anhang finden Sie ein Literaturverzeichnis, das Ihnen helfen soll, zu bestimmten Themen weitere Informationen zu erhalten.

Anmerkungen

1 nach G. Fischhof/W.A. Oerley: So wird dein Leben erfolgreich, 1959.
2 John L. Shelton/John Mark Ackermann: Verhaltens-Anweisungen. Pfeiffer, 1978.
3 Richard M. Suinn: Anxiety Management Training: A Behavior Therapy. Springer, 1990.
4 John L. Shelton/John M. Ackermann: Verhaltens-Anweisungen. Pfeiffer, 1978.
5 Der SAS Test (Self-Rating-Anxiety Scale) von William Zung, hier in der deutschen Version, ist ein weltweit eingesetzter Fragebogen zur Messung von Angst.
6 nach: Christian Scharfetter: Allgemeine Psychopathologie, Georg Thieme Verlag, 1976.
7 Kenneth H. Cooper: Bewegungstraining. Praktische Anleitung zur Steigerung der Leistungsfähigkeit. Fischer Taschenbuch Verlag, 1970.
8 Nancy Friday: Eifersucht. Die dunkle Seite der Liebe, dtv, 1989.
9 vergl. Friedrich Hacker: Aggression. Die Brutalisierung unserer Welt. Ullstein Verlag, 1985.
10 nach: John L. Shelton/John Mark Ackermann: Verhaltens-Anweisungen. Pfeiffer, 1978.
11 Stanley Milgram: Das Milgram Experiment. Rowohlt, 1974.
12 vergl. Joseph Wolpe: Selbstbehauptungstraining. In: Franziska Stalmann (Hrsg): Lust an der Erkenntnis. Die Psychologie des 20. Jahrhunderts. Ein Lesebuch zur Psychotherapie. Piper, 1989.
13 etwa: Bernie Zilbergeld: Die neue Sexualität der Männer, dgvt Verlag, 1994. und: Diana Ecker: Aphrodites Töchter. Wie Frauen zu erfüllter Sexualität finden. Mosaik Verlag, 2003.
14 Handbuch Alkohol Österreich. Zahlen-Daten-Fakten-Trends. Ludwig-Boltzmann-Institut für Suchtforschung (LBISucht), Alkoholkoordinations- und Informationsstelle (AKIS) und Anton-

Proksch-Institut (API). Euroangepasste und aktualisierte Internetversion Stand Januar 2002.

15 Wolfgang Schmidbauer; Jürgen vom Scheid: Handbuch der Rauschdrogen. Fischer, 1971.

16 Hilde Bruch: Eating Disorders. Obesity, Anorexia Nervosa, and the Person Within. Basic Books, 1973.

17 vergl: David Knight; Steven Bratman: Health Food Junkies. The Rise of Orthorexia Nervosa – The Health Food Eating Disorder. Broadway Books, 2004.

18 Dale Carnegie: How To Win Friends and Influence People, 1936. Deutsche Ausgabe: Wie man Freunde gewinnt. Die Kunst, beliebt und einflussreich zu werden. Scherz, 2002 (44. Auflage).

19 vergl. Alfred Längle: Existenzanalyse und Logotherapie. In: Gerhard Stumm/Beatrix Wirth (Hrsg): Psychotherapie. Schulen und Methoden. Falter Verlag, 1991.

20 nach: Berthold Stockvis und Eckart Wiesenhütter: Lehrbuch der Entspannung. Hippokrates Verlag, 1961.

21 Introspektion: Selbstbeobachtung; Beobachtung und Analyse des eigenen Erlebens und Verhaltens.

22 Richard L. Fellner, Wien 2005. www.psychotherapiepraxis.at

23 Empathie (griech. = Mitfühlen): Einfühlungsvermögen; die Fähigkeit eines Menschen, sich in einen anderen Menschen hineinzuversetzen, seine Gefühle zu teilen und sich damit über sein Verstehen und Handeln klar zu werden.

24 Vergl. Robert Hutterer. In: Gerhard Stumm/Beatrix Wirth (Hrsg): Psychotherapie. Schulen und Methoden. Falter Verlag, 1991.

Weiterführende Literatur

Eric Berne: Was sagen Sie, nachdem Sie »Guten Tag« gesagt haben? Fischer Verlag, 1991.

Diana Ecker: Aphrodites Töchter. Wie Frauen zu erfüllter Sexualität finden. Goldmann Verlag, 2003.

Viktor Frankl: Der Mensch vor der Frage nach dem Sinn. Piper Verlag, 1982.

Sigmund Freud: Vorlesungen zur Einführung in die Psychoanalyse. Fischer Verlag, 1991.

Erich Fromm: Die Kunst des Liebens. Ullstein Verlag, 2003.

Ulrich Hegerl/Svenja Niesckena: Depressionen bewältigen. Die Lebensfreude wiederfinden. Trias, 2004.

Günter Reich u.a.: Essstörungen: Magersucht, Bulimie, Binge Eating. Trias, 2004.

Carl R. Rogers: Die klientenzentrierte Gesprächspsychotherapie. Fischer, 2005.

Heinz-Peter Röhr: Narzissmus. Das innere Gefängnis, dtv, 2006.

Peter Schellenbaum: Das Nein in der Liebe, dtv, 1986.

Paul Watzlawick: Wie wirklich ist die Wirklichkeit. Piper Verlag, 1982.

Paul Watzlawick: Anleitung zum Unglücklichsein. Piper Verlag, 1983.

Jürg Willi: Die Zweierbeziehung. Rowohlt Verlag, 1975.

Irvin Yalom: Die rote Couch. BTB Verlag, 1998.

Irvin Yalom: Liebe, Hoffnung, Psychotherapie. BTB Verlag, 2004.

Bernie Zilbergeld: Die neue Sexualität der Männer. DGVT Verlag 2000.

Register

Orac

Natürliche Hilfe für Kinder

Dr. med. Walter Glück

Sanfte Medizin für Ihr Kind

Homöopathie und altes
Heilwissen zeitgemäß anwenden

Entwicklung fördern und
Immunsystem stärken

Wirksam helfen bei Akutfällen
und Kinderkrankheiten

Für Kinder von 0 – 16 Jahren

208 Seiten
durchgehend vierfarbig illustriert
Format 16 x 24 cm
gebunden

ISBN 978-3-7015-0496-1
Orac, 2007

Dr. med. Walter Glück

Für Kinder von
0 – 16 Jahren

Sanfte Medizin
für Ihr Kind

Homöopathie und altes Heilwissen zeitgemäß anwenden
Entwicklung fördern und Immunsystem stärken
Wirksam helfen bei Akutfällen und Kinderkrankheiten

Orac

Ein unverzichtbarer Ratgeber für jede Familie – lebensnah
und praxisbezogen, von Dr. med. Walter Glück, Arzt für
Allgemeinmedizin mit Schwerpunkt Homöopathie: Alles was
Eltern wissen müssen, um ihren Kindern natürliche und
sanfte Hilfe in gesunden und kranken Tagen zu bieten. Altes
Heilwissen und Homöopathie zeitgemäß einsetzen, das
Immunsystem stärken, bei Akutfällen und Kinderkrankheiten
wirksam heilen und die Entwicklung des Kindes fördern. Für
Kinder von 0 bis 16 Jahren.

www.kremayr-scheriau.at